Sebastian Haffner

Überlegungen eines Wechselwählers

Sebastian Haffner

Überlegungen eines Wechselwählers

verlegt bei Kindler

2. Auflage

Korrekturen: Waltraut Green
Umschlaggestaltung: Hans Numberger
Satzherstellung: Typo 3000 · Satzstudio, München
Druck- und Bindearbeit: Salzer-Ueberreuter, Wien
Printed in Austria

ISBN 3-463-00780-0

Inhalt

KAPITEL I

Demokratie in Deutschland

Man traut seinen Augen kaum, aber es ist so: Unter den großen Demokratien des Westens ist die Bundesrepublik Deutschland heute die solideste, gesundeste und stabilste. Das ist mit dem bloßen Auge zu erkennen; man braucht nur hinzusehen und zu vergleichen: Die Bundesrepublik hat nicht mit einem ewigen Bürgerkrieg zu leben wie England in Nordirland; sie wird nicht von ständigen Klassenkämpfen und Streiks heimgesucht wie England, Frankreich und Italien; sie lebt nicht wie Italien in permanenter Regierungskrise; sie hat keine Staatskrise durchgemacht wie Frankreich beim Übergang von der Vierten zur Fünften Republik und Amerika in der Zeit von Watergate; keine Kommunisten wie in Frankreich und Italien, und keine Kommunisten und Nationalsozialisten wie im Deutschland der Republik von

Weimar stehen, mit großen Wählermassen hinter sich, bereit, die Regierung zu übernehmen und die Demokratie abzuschaffen.
Vielmehr wählen rund 95 Prozent der Bundesbürger seit zwanzig Jahren dieselben drei Parteien, SPD, FDP und CDU/CSU. Das Stärkeverhältnis dieser drei Parteien untereinander ändert sich von Wahl zu Wahl um ein paar Prozentpunkte, aber an der massiven Wählerzahl für alle drei zusammen ändert sich kaum etwas. Man muß sich einmal klarmachen, was das bedeutet. Es bedeutet, daß rund 95 Prozent der Bundesbürger den demokratischen Staat behalten wollen, den sie haben. Denn den drei, von ihnen eisern immer wieder gewählten Parteien, was immer sie sonst unterscheidet, ist eins gemeinsam: Sie sind alle drei demokratische Parteien, sie »stehen auf dem Boden des Grundgesetzes«. Mehr als das: Diese Parteien haben das Grundgesetz gemacht - gemeinsam gemacht -, sie sind, wie man so sagt, die Väter des Grundgesetzes; sie sind sich vollkommen einig darüber, daß, was immer im einzelnen beschlossen und worüber immer gestritten wird, das politische Leben in Deutschland sich nach den im Grundgesetz niedergelegten demokratischen Regeln abspielen soll; und das unerschütterliche 95-Prozent-Votum für die drei

Parteien in Wahl über Wahl bedeutet zunächst einmal, daß sie damit praktisch das ganze Volk hinter sich haben. Die Deutschen sind sich heute, bei allen sonstigen Meinungsverschiedenheiten, darüber einig, daß sie demokratisch regiert werden wollen.

Die drei Parteien der Bundesrepublik haben aber noch viel mehr gemeinsam als ihre Treue zur Demokratie. Sie sind kompromißfähig und sie sind koalitionsfähig, und zwar jede mit jeder. Wir sind von 1961 bis 1966 von einer CDU/CSU-FDP-Koalition regiert worden, von 1966 bis 1969 von einer CDU/CSU-SPD-Koalition und seit 1969 von einer SPD-FDP-Koalition. In der Politik dieser drei Koalitionen, namentlich in der Außenpolitik, hat es dabei jedesmal wichtige Änderungen gegeben. Aber an der demokratischen Stabilität des Staates - und man kann hinzufügen: an der Lebensatmosphäre der Bürger - hat sich nichts geändert. Und genau so soll es ja in einer Demokratie sein: Politischer Wechsel, auch Kurswechsel, soll möglich sein, ohne den demokratischen Konsens zu gefährden. Das ist heute weder in Frankreich noch in Italien der Fall, wo jeder Wechsel die Kommunisten an die Macht bringen würde, und selbst in England, mit seiner überbordenden Gewerkschaftsmacht, ist die parlamentarische Demokratie nicht mehr ganz fest auf den Beinen. In der Bundesrepublik aber ist demokratischer Wechsel jederzeit möglich, und es gibt auch kein Anzeichen, daß sich daran in der voraussehbaren Zukunft etwas ändern wird. Wer immer die Wahlen von 1980 gewinnt, es steht außer Frage, daß 1984 genauso demokratische Wahlen stattfinden werden; ebenso, daß es im wesentlichen dieselben Parteien sein werden, die sich 1984 wie 1980 um die Wählermehrheit bewerben; und daß weiterhin die Riesenmehrheit der Wählerschaft ihre Stimmen unter ihnen verteilen wird. Die Demokratie funktioniert in Deutschland.

Jeder nimmt das heute als selbstverständlich. Es ist aber, wenn man einmal darüber nachdenkt, etwas sehr Überraschendes. Fast könnte man es ein deutsches Wunder nennen.

Denn »Deutschland« und »Demokratie« - das reimte sich nicht zusammen; nicht für den demokratischen Westen und auch nicht für die meisten Deutschen selbst. »Ich bekenne mich tief überzeugt«, schrieb Thomas Mann 1918, »daß das deutsche Volk die politische Demokratie niemals wird lieben können, aus dem einfachen Grunde, weil es die Politik selbst nicht lieben kann, und daß der vielverschriene »Obrigkeitsstaat« die dem deutschen Volke angemessene, zukömmliche und von ihm im Grunde gewollte Staatsform ist und bleibt.« Das Buch, in dem dieser Satz steht, hieß »Betrachtungen eines Unpolitischen«, und indem er sich als unpolitischen Deutschen erklärte, machte sich Thomas Mann gewissermaßen zum Repräsentanten Deutschlands, des unpolitischen Landes. »Ich will nicht Politik«, schrieb er an anderer Stelle desselben Buches. »Ich will Sachlichkeit, Ordnung und Anstand... Wenn das deutsch ist, so will ich denn in Gottes Namen ein Deutscher heißen.«

Thomas Mann hat seine politischen - oder »unpolitischen« - Ansichten von 1918 später geändert, aber das ist kein Beweis, daß sie falsch waren. Er war auch damals ein sehr hellsichtiger Psychologe. »Sachlichkeit, Ordnung und Anstand«: das wurde damals und wird auch heute noch in Deutschland großgeschrieben; Politik war damals und ist auch heute noch für die meisten Deutschen »ein schmutziges Handwerk«, das »den Charakter verdirbt«, und alles in allem sind die Deutschen auch heute noch (oder wieder, denn eine kurze Zeit in den frühen dreißiger Jahren war es anders) ein unpolitisches Volk. In Deutschland wird im privaten Kreise wenig politisiert. Wahlkämpfe regen weniger auf als Fußballmeisterschaften,

Beruf und Privatleben sind dem Normalbürger wichtiger als Wahlergebnisse, und politische Agitation stößt in Deutschland bei der Mehrheit auf eine stille, abwartende Skepsis und eine Gleichgültigkeit, die von verächtlicher Ablehnung kaum zu unterscheiden ist.
Noch einmal Thomas Mann: In den schon zitierten »Betrachtungen eines Unpolitischen« malt er eine kleine Szene aus dem München der Kaiserzeit, die sich heute, im München der Bundesrepublik (oder in jeder anderen Stadt, die noch Straßenbahnen hat) genau so abspielen könnte:
»Ich habe meine kleinen Erinnerungen an Strassen- und Trambahnszenen in Reichstagswahltagen, ich sehe mich wieder auf einer vorderen Platform, hinter dem Wagenführer, einem noch jungen Mann mit einem Ehering an der Hand, mit der er die Stromschaltkurbel regiert. Er steht da, umdrängt vom Publikum, in seinem soliden Dienstmantel, und tritt die Glocke, späht durch die regenbeschlagene Glasscheibe vor seinem Gesicht. Ein Mann springt auf, den Hut im Nacken, mit irren Augen, Hitzflecken auf den Backenknochen, und beginnt schon auf dem Trittbrett zu reden. Er ist in voller Aktion, in politischer Rage. Er kommt aus dem Wahllokal, ein Agent wahr-

scheinlich, ein Werber, ein Stimmenjäger, jedenfalls ein feuriger Parteigänger. Er könnte nicht schweigen, man sieht es; sein Herz ist voller Politik und Halbbildung, und unablässig strömt es von halbgebildet-exzitiertem Strassengerede über. Er redet zu keinem und zu uns allen, er streckt sogar sein Kinn über die Schulter des Wagenführers, diese gesetzte Schulter im Dienstmantel, und schwatzt ihm von der Seite ins Gesicht. Er schwätzt vom »schwarzblauen Block« oder ähnlichem unendlich dummem Zeug, er steckt die Daumen in die Weste und ahmt gassenhumoristisch einen Juden nach ... Er war die Verzerrung des Volkes selbst, und gut habe ich den Blick im Sinne behalten, mit dem der Wagenführer sich endlich nach dem peinlichen Menschen umwandte und ihn von oben bis unten musterte, diesen nüchternen, gesetzten, schweigend-befremdeten, abschätzigen, leicht angewiderten Blick des Mannes im Dienstmantel auf den von Politik und Halbbildung Trunkenen, einen Blick, der mir für das Verhältnis des deutschen Volkes zur Politik unvergeßlich bezeichnend schien.«

Als Beobachter, Schilderer und Erzähler ist Thomas Mann immer viel genauer und überzeugender denn als Räsonneur. Wenn er - gerade in den »Betrachtungen eines Unpolitischen« - argumentierend gegen Politik und Demokratie wettert, dann setzt der Leser unwillkürlich ein Fragezeichen an den Rand. Aber eine kleine genau gesehene Szene wie die eben wiedergegebene hat es in sich. Sie stimmt; sie überzeugt; und sie bringt den Leser auf Gedanken. Man möchte sie weiterspinnen.

Ohne weiteres glaubt man dem »Mann im Dienstmantel« seine schweigende Verachtung für den schwadronierenden Agitator - dieser übrigens könnte fast ein Portrait des jungen Hitler sein, der ja damals, kurz vor dem Ersten Weltkrieg, in München schon, unbeachtet, sein Wesen trieb. Aber später blieb Hitler bekanntlich keineswegs mehr unbeachtet, und viele Männer wie Thomas Manns wackerer Wagenführer - vielleicht auch dieser selbst, wenn er den Ersten Weltkrieg überlebte - hörten ihm zu und hörten auf ihn, erst vielleicht noch zweifelnd, dann gebannt, schließlich überwältigt und hingerissen. Was war da geschehen, was hatte sich geändert? Was gab dem Demagogen plötzlich seinen Triumph über den anständigen, gesetzten, unpolitischen Deutschen? Und warum hat dieser Triumph schließlich doch nicht vorgehalten? Was hat die Deutschen, die vor 45 Jahren in ihrer riesengroßen Mehrheit auf Hitler schworen, heute in einer noch größeren Mehrheit zu Demokraten gemacht - wobei sie doch immer unverkennbar dasselbe Volk, dieselben Menschen, dieselben Deutschen geblieben sind?

Ein anderer Gedanke: Der »Mann im Dienstmantel« hatte kein Wort, nur einen Blick, für den kleinen Hitler im Straßenbahnwagen, diese Art Politik verachtete er, und überhaupt verschwendete er wenig Gedanken an Politik. Die überließ er denen, die mehr davon verstanden. Aber sein Wahlrecht übte dieser unpolitische, anständige, bescheidene Durchschnittsdeutsche sicher trotzdem aus - wie denn nicht! Das gehörte sich so, das war Staatsbürgerpflicht. Welche Partei er wohl gewählt haben mag? Vielleicht SPD - als Mitglied der Arbeiterklasse? Oder doch die Bayerische Volkspartei, die Vorgängerin der heutigen CSU - als bayerischer Katholik, mit dem Ehering am Finger? Oder ob er gar ein Wechselwähler war?

Die Deutschen waren immer ein unpolitisches Volk, aber sie waren immer fleißige Wähler und sind es heute mehr denn je. Auch darüber lohnt sich nachzudenken. Wahlversammlungen sind schwach besucht, Flugblätter bedekken in Wahlkampfzeiten massenhaft, achtlos weggeworfen, das Straßenpflaster; aber die

Wahlbeteiligung ist in Deutschland immer hoch, höher als in Frankreich und England, viel höher als in Amerika, wo sie manchmal kaum 50 Prozent überschreitet. Offenbar lassen sich die Deutschen ungern vor ihrer Wahlentscheidung die Köpfe heißreden (das haben sie einmal getan, und es ist ihnen schlecht bekommen, davon haben sie offenbar genug). Sie machen sich lieber ihre eigenen Gedanken, und sie geben diese Gedanken ungern preis. Auffallend die vorsichtigen Antworten auf die vorbereiteten Fragen der Meinungsinstitute, und noch auffallender die hohe Zahl derer, die mitten im Wahlkampf, oft bis zur letzten Minute, auf die Frage, welche Partei sie wählen werden, antworten: »Weiß noch nicht.« Wissen sie es wirklich noch nicht? Oder wollen sie sich nur nicht in die Karten blicken lassen und die Parteien nicht zu sehr in Sicherheit wiegen? Im großen erinnern deutsche Wahlkämpfe ein wenig an die Thomas Mannsche Szene in der Straßenbahn: Die Parteien reden sich wochenlang heiser, steigern sich in Zorn, es hagelt Beleidigungen und Beleidigungsklagen; und der Wähler hört kaum zu, scheint ganz uninteressiert. Aber dann geht er pünktlich zum Wahllokal und wählt. In großen Massen: Wahlbeteiligungen über 80 Prozent sind bei Bundestags-

wahlen die Regel, manchmal waren es schon an die 90 Prozent. Unwichtig ist den unpolitischen Deutschen ihre Wahlentscheidung offenbar nicht.
Trotzdem geht diese massive Wahlentscheidung merkwürdig leidenschaftslos vonstatten. Es gibt Länder, in denen es bei keinem Wahlkampf - und erst recht an keinem Wahltag - ohne Tote und Verletzte abgeht. Auch Deutschland war einmal ein solches Land, in den ersten und dann besonders wieder in den letzten Jahren der Weimarer Republik. Das ist, als wäre es nie gewesen; unvorstellbar. Politische Schlägereien gibt es (auch ohne Wahlkampf) hin und wieder unter den Anhängern solcher Parteien, die nicht die kleinste Chance haben, in den Bundestag gewählt zu werden, und das auch wissen. Der Wähler nimmt kaum Notiz davon, oder wenn er es tut, dann leicht angewidert (wieder der Straßenbahnschaffner und der Agitator!). An Wahltagen geht es nüchtern zu. Die Polizei hat nichts zu tun. Keine Zwischenfälle. Sonntagsspaziergänger, die ihren Abstecher ins Wahllokal machen, ihren Personalausweis vorzeigen, geduldig vor der Wahlzelle Schlange stehen, hineingehen, wenn sie dran sind, und ihr Kreuz auf den Wahlzettel machen. Denn setzen sie ihren Spaziergang fort. Abends

sehen sie sich im Fernsehen die Hochrechnung über das Ergebnis an, weniger aufgeregt, als sie ein Fußball-Länderspiel ansehen würden.
Darüber ist viel gespottet worden. Was ist das für eine Demokratie, hat man oft lesen können, in der die einzige politische Betätigung der Bürger darin besteht, alle vier (oder, Länderwahlen eingerechnet, alle zwei) Jahre einen Wahlzettel anzukreuzen! Wo bleibt der Bürgersinn und die Bürgermacht zwischen den Wahlen, wo bleibt das politische Engagement, das politische Nachdenken, die politische Leidenschaft!
Nun, gemach. Bürgersinn und Bürgermacht haben auch zwischen den Wahlen jede Chance. Wem der Sinn nach persönlicher politischer Betätigung steht, der kann sich auch zwischen den Wahlen nach Herzenslust politisch ausleben. Er kann (das weitaus Vernünftigste für den angehenden Politiker) in eine Partei eintreten und darin Aufstieg und Einfluß suchen; er kann sogar, wenn er es sich zutraut, mit Gleichgesinnten eine neue Partei gründen, denn die Gründung von Parteien stellt ja das Grundgesetz frei. Er kann Bürgerinitiativen organisieren oder unterstützen. Er kann demonstrieren. Er kann sich in Gewerkschaften oder Berufsverbänden betätigen, und wenn ihm ganz be-

stimmte Ideale oder Interessen besonders am Herzen liegen, dann findet er mit Sicherheit für jedes eine passende Organisation, die sich seiner annimmt. Politischer Betätigung beinah jeder Art (außer der terroristischen) sind in der Bundesrepublik keine Grenzen gesetzt, und es herrscht auch die ganze Zeit hierzulande ein ziemlich munteres politisches Leben und Treiben - aber, das wollen wir nicht vergessen: unter Minderheiten. Parteimitglieder gibt es ungefähr 2 Millionen in einer Bevölkerung von 60 Millionen, und von den 2 Millionen ist wiederum nur eine kleine Minderheit wirklich politisch aktiv. Die Aktivisten in den Gewerkschaften und Berufsverbänden und erst recht die Privat- und Vereinspolitiker und die gewohnheitsmäßigen Demonstranten zählen nach Tausenden, höchstens Zehntausenden. Sie bekommen viel Publizität in Presse und Fernsehen; aber das zeitungslesende und fernsehende Millionenvolk sieht ihnen meistens gelangweilt, manchmal leicht verärgert zu. Die ewige politische Aufgeregtheit von Minderheiten, die nichts Besseres zu tun haben - das soll Politik sein? Das soll Demokratie sein? Achselzucken. Demokratie ist Mehrheitssache. Und die Mehrheit hat anderes zu tun, als ständig Politik zu treiben. Das heißt nicht, daß sie undemokratisch gesonnen ist. Sie will gut regiert werden, und wenn sie das Gefühl hat, daß sie schlecht regiert wird, dann will sie die Regierung auswechseln können. Ihr Wahlrecht nimmt sie ernst. Politischen Streit zwischen Wahlen, einschließlich dessen, was auch heute noch »Parteigezänk« heißt, nimmt sie nicht besonders ernst. Die Deutschen sind in ihrer Mehrheit immer noch dasselbe unpolitische Volk wie zu Thomas Manns Zeiten, und es will und will nicht gelingen, ihnen eine Liebe zur Politik einzuprügeln, obwohl eine ganze Armee von Schriftstellern, Journalisten und Akademikern ständig mit nichts anderem beschäftigt ist. Worüber sich nachzudenken lohnt - und vielleicht zu wenig nachgedacht wird -, das ist, was dieses unpolitische Volk zur Demokratie bekehrt hat und warum gerade die Demokratie der unpolitischen Deutschen heute so gut funktioniert - so viel besser als anderswo.

Die kurze Antwort auf die erste Frage lautet: die schlimme Erfahrung mit der Diktatur. Auf die zweite Frage gibt es keine kurze Antwort; wir werden ausführlicher darüber reden müssen. Bleiben wir also zunächst bei der ersten: Was hat die Deutschen zur Demokratie bekehrt?

Man kann diese Frage auch noch radikaler formulieren: Sind die Deutschen überhaupt zur

Demokratie bekehrt? Es gibt, namentlich auf der Linken, Leute, die das durchaus nicht wahrhaben wollen. Sie sprechen von Formaldemokratie, Schönwetterdemokratie, Anpassungsdemokratie. In die Enge getrieben, platzen sie mit dem verzweifelten Satz heraus: »Im Grunde ihres Herzens sind die meisten Deutschen immer noch Nazis.«

Nun, das stimmt so nicht. Man muß tatsachenblind sein, oder sich absichtlich die Augen zuhalten, um den Unterschied zwischen dem Dritten Reich und der Bundesrepublik, einen wahrhaftig ungeheuren Unterschied, nicht wahrzunehmen.

Es heißt auch, die Verstellungsfähigkeit eines Volkes überschätzen, wenn man glaubt, die Deutschen könnten nun schon dreißig Jahre lang so überzeugend die Demokraten spielen, ohne es wirklich zu sein - geworden zu sein. Denn immer waren sie es offenbar nicht. Und dreierlei muß man ihren Kritikern zugestehen. Erstens, die Deutschen sind dasselbe Volk, mit denselben Nationaleigenschaften, das sie immer waren; dasselbe Volk, teilweise noch dieselben Menschen, wie im Kaiserreich, in der Weimarer Republik und im Hitlerreich.

Zweitens, die Deutschen haben in der Weimarer Republik mit der Demokratie nichts anzufangen gewußt und haben sie zum Schluß mehrheitlich verworfen; und die Mehrheit der Mehrheit, die sich 1932 und 1933 gegen die Demokratie entschied, hat sich damals für Hitler entschieden. (»Da seht ihrs!«)

Drittens, die meisten der Millionen, die 1932 und 1933 Hitler zur Macht verhalfen, und der weiteren Millionen, die sich in der zweiten Hälfte der dreißiger Jahre durch seine Erfolge zu ihm bekehren ließen, bereuen das nicht wirklich (und das ist es, was ihre linken Kritiker sagen läßt, sie seien im Grunde ihres Herzens immer noch Nazis). Sie bedauern es, ja. Sie haben geirrt, das geben sie zu. Sie sind auf Hitler hereingefallen. Ein zweites Mal soll ihnen so etwas nicht passieren. Aber das Büßerhemd, Asche aufs Haupt, sich an die Brust schlagen - nein. Ihre damaligen Motive verstehen sie auch heute noch. Sie haben eine Lektion gelernt. Andere Menschen geworden sind sie nicht.

Das ist natürlich ein harter Brocken für Menschen, die nie auf Hitler hereingefallen sind, die gegen ihn gekämpft und unter ihm gelitten haben. Daß ihnen eine unbußfertige, ja selbstrechtfertigende nachträgliche Abwendung von Hitler nicht genügt und daß sie ihrerseits hart und unversöhnt bleiben, kann man verstehen. Aber verlangen sie nicht zuviel? Ein großer

englischer Staatsdenker, Burke, hat vor fast zweihundert Jahren gesagt: »Man kann nicht ein ganzes Volk anklagen.« Kann man verlangen, daß ein ganzes Volk sich selbst anklagt? Ist es nicht schon mehr, als man nach 1945 erwarten konnte, daß die Deutschen wirklich eine Lektion gelernt haben? Denn das haben sie, unleugbar, und es verstand sich nicht von selbst. Sie hätten sich ja auch in Trotz und Rachedurst verstocken können. Das haben sie nicht getan. Das tun heute höchstens einige der Allerjüngsten, die von Hitler nichts mehr wissen und die ewigen Bußpredigten satthaben.
Sehen wir die Dinge, wie sie sind - und wie sie waren. Es ist vollkommen richtig, die Deutschen der Weimarer Zeit waren schlechte Demokraten. Selbst die bürgerlichen Rechtsparteien, die in den zwanziger Jahren meist die Regierung stellten, wollten im Grunde keine Demokratie, sie wollten ihren alten Kaiser Wilhelm wiederhaben. Und 1932 hatten Nationalsozialisten und Kommunisten, also zwei Parteien, die beide, konkurrierend, den demokratischen Staat ganz offen und erklärtermaßen abschaffen und durch eine Einparteidiktatur ersetzen wollten, zusammen die Mehrheit im Reichstag und im preußischen Landtag. Bei vollkommen freien Wahlen! Hier stellte sich

ein vertracktes Problem, heute in Deutschland ganz vergessen, aber damals eine quälende Gewissensfrage für die verbleibende demokratische Minderheit: Wie verhält sich eine Demokratie, wenn die Mehrheit der Wähler auf ganz demokratische Weise ihren Willen erklärt, die Demokratie abzuschaffen? Muß sie sich demokratisch abschaffen lassen? Oder muß - darf - sie sich undemokratisch verteidigen? Aber schafft sie sich dadurch nicht selber ab?
Das Grundgesetz der Bundesrepublik - diesen Exkurs können wir uns nicht versagen, aber keine Angst, wir behalten den Faden in der Hand - beantwortet diese im Grunde unbeantwortbare Frage ganz hart und militant; ein Zeichen übrigens, daß die Väter des Grundgesetzes auch 1949 ihren Deutschen noch nicht trauten und keineswegs eine so vollkommene Demokratie in Deutschland erwarteten, wie sie sich dann herausgebildet hat. Sie rechneten noch mit Nationalsozialisten und Kommunisten, und da kannten sie kein Pardon: Verfassungsfeindliche Parteien konnten durch das Bundesverfassungsgericht verboten werden, wie es in den fünfziger Jahren den Kommunisten und der Deutschen Reichspartei auch geschah (Artikel 21), andere verfassungsfeindliche Vereine waren ohnehin von Grundgesetz

wegen verboten (Artikel 9), und Einzelpersonen, die die freiheitlich-demokratische Grundordnung bekämpften, verwirkten ihre Grundrechte; wenn sie Ausländer waren, das Asylrecht (Artikel 18). Diese geharnischten Artikel stehen alle noch im Grundgesetz, auch heute noch, sie sind immer noch geltendes Verfassungsrecht, aber man liest sie heute fast mit einem wehmütigen Lächeln; sie werden längst nicht mehr angewandt. So sicher fühlt sich die Bundesrepublik heute der Festigkeit ihrer Demokratie. Aber so sicher fühlen sich heute auch die - eigentlich immer noch illegalen - antidemokratischen Parteien und Vereine ihrer hochliberalen Duldung, daß sie nun schon lauthals gegen »undemokratische Berufsverbote« protestieren, wenn man ihre Mitglieder nicht auch noch ohne weiteres zu pensionsberechtigten Staatsdienern und Hoheitsträgern macht; und hier und dort gibt man ihnen auch darin schon nach. Aber sogar diese Lammsgeduld kann man sich leisten, solange das Volk mit 95prozentiger Mehrheit demokratisch wählt. Und hätten Parteiverbote und »Berufsverbote« der Weimarer Republik viel geholfen, als es mit ihr so weit gekommen war, daß die offen antidemokratischen Parteien die Wählermehrheit hinter sich hatten?

Womit wir wieder bei unserem Thema wären. Die Deutschen der Weimarer Periode hatten Thomas Manns Diagnose bestätigt, sie hatten »die politische Demokratie nicht geliebt«, und sie hatten sie mit völlig demokratischen Mitteln beseitigt - weggewählt; dieselben Deutschen haben in den letzten dreißig Jahren die Bundesrepublik zu einer der stabilsten Demokratien der Welt gemacht, und das, ohne ihren Nationalcharakter erkennbar zu ändern. Thomas Mann gab als Grund dafür, daß sich Demokratie für die Deutschen - oder die Deutschen für die Demokratie - nicht eigneten, an, daß die Deutschen »die Politik selbst nicht lieben können«. Das tun sie immer noch nicht. Der verstorbene Bundespräsident Heinemann gab auf die Frage, ob er den Staat, dem er vorstand, liebe, zur Antwort: »Ich liebe meine Frau« - und sprach damit vielen - nicht allen - seiner Landsleute aus dem Herzen. Das deutsche Mißtrauen gegen die Politik, der »vorsichtige Ekel« davor, um mit Nietzsche zu reden, ist so lebendig wie eh und je. Warum hat er sich das eine Mal so und das andere Mal genau umgekehrt ausgewirkt? Auf diese Frage - und man muß zugeben, daß es eine interessante Frage ist - fehlt bisher, soweit wir sehen, jede Antwort.

Ein paar Antworten, die gelegentlich - mehr in

der privaten als in der öffentlichen Diskussion - versucht worden sind, haben sich im Laufe der Zeit als oberflächlich und falsch herausgestellt. Die erste lautete, die Bundesrepublik sei ein Schönwetterstaat. Das Wirtschaftswunder erkläre alles. In der Weimarer Zeit ging es, die meiste Zeit, den meisten Leuten schlecht: Inflation, Depression, Massenarbeitslosigkeit. In der Bundesrepublik ging es, jedenfalls in den fünfziger Jahren, den meisten Leuten überraschend gut, besser als je: da ist es leicht, so lautete das Argument, ein guter Demokrat zu sein. »Laßt einmal wieder eine Wirtschaftskrise hereinbrechen«, so ging dieses Argument weiter, »und ihr werdet sehen, wie schnell wieder der Ruf nach dem starken Mann ertönt!« Nun, eine Wirtschaftskrise ist hereingebrochen, wenn auch keine so katastrophale wie 1930. Die siebziger Jahre waren wirtschaftlich alles andere als eine Schönwetterperiode: Inflation, Rezession, eine Million Arbeitslose - und wo ist der Ruf nach dem starken Mann? Im Gegenteil, das politische Parteiengefüge der Bundesrepublik hat sich in den siebziger Jahren mehr als je konsolidiert, ihr soziales Sicherheitsnetz ist noch fester geknüpft worden, ihre Rechtsstaatlichkeit hat sogar die Herausforderung des Terrorismus unbeschädigt bestanden; alles in allem genommen steht der demokratische Staat Bundesrepublik Anfang der achtziger Jahre sicherer und fester auf seinen Beinen als noch Ende der sechziger, als es immerhin Studentenrevolte und Apo gab. Übrigens ist nie klargemacht worden, warum Demokratie an wirtschaftliche Prosperität gebunden sein sollte; wenn man die Geschichte zum Beispiel Englands und Amerikas betrachtet, könnte man ebensogut die These vertreten, daß gerade wirtschaftliche Notzeiten eine demokratische Entwicklung begünstigen.

Eine zweite Erklärung ging dahin, die Demokratie - wie die ganze Bundesrepublik - sei einfach eine Form der Anpassung an die westlichen Siegermächte. Und daran ist ja soviel richtig, daß die Demokratie in Deutschland zweimal, nach dem ersten Weltkrieg wie nach dem zweiten, eine Frucht der Niederlage war. Hätte der Kaiser den ersten Weltkrieg gewonnen - die Hohenzollern regierten noch heute. Und hätte Hitler den zweiten gewonnen - keine innerdeutsche politische Kraft hätte ihn beseitigt. Aber das beantwortet nicht die Frage, warum es nach 1918 und nach 1945 so sehr unterschiedlich weitergegangen ist. Die Weimarer Republik, obwohl immerhin durch eine echte deutsche Revolution geschaffen, war von Anfang an ein kränkliches Gebilde und hatte nach kümmerlichen zwölf oder dreizehn Jahren die klare Mehrheit der Deutschen gegen sich. Die Bundesrepublik, mit viel schwächeren Anfängen und obendrein nur ein deutscher Teilstaat, ist in den dreißig Jahren ihrer bisherigen Geschichte immer stärker geworden. Das ist mit bloßer Anpassung und liebedienerischer Beflissenheit gegenüber den demokratischen Siegermächten längst nicht mehr zu erklären. Die Amerikaner, Engländer und Franzosen haben heute auf die innere Gestaltung des mit ihnen verbündeten deutschen Staates keinen wirklichen Einfluß mehr. Wenn in diesem deutschen Staat heute die Demokratie praktisch unangefochten funktioniert - viel besser funktioniert, als sich 1949 voraussehen ließ -, dann deswegen, weil die Deutschen es so wollen; und sie wollen es, weil es ihnen so gefällt, nicht weil es den Amerikanern, Engländern und Franzosen gefällt. Und damit sind wir wieder bei der alten Frage: Was erklärt, daß dieselben Deutschen, die nach 1918 mit der - immerhin sogar selbstgeschaffenen - Weimarer Republik nichts anzufangen wußten und sie 1932 mehrheitlich verwarfen, aus der 1949 mehr oder weniger auferlegten, zunächst fast gleichgültig hingenommenen Bundesrepublik ihren Staat gemacht haben, einen der gesundesten Staaten der deutschen Geschichte und eine der stabilsten Demokratien in der ganzen Welt? Warum ist Bonn nicht Weimar geworden? Was hat die Deutschen zu Demokraten gemacht?

Die kürzeste Antwort lautet wahrscheinlich: Harte Notwendigkeit. Aber diese Antwort, wie alle sehr kurzen Antworten, ist ein wenig kryptisch. Sie will erklärt sein. Versuchen wir es.

Die Weimarer Republik hat man, schon sehr bald nach ihrer Entstehung, eine Republik ohne Republikaner genannt - nicht etwa eine Demokratie ohne Demokraten. Der Unterschied in der Formulierung ist bedeutsam. Man kann nicht sagen, daß es in Deutschland 1918 - und schon vorher im Kriege, sogar schon vor dem Kriege - nicht starke demokratische Strömungen gegeben hätte. Aber zugleich waren die Deutschen von 1918 in ihrer Mehrheit gewohnheitsmäßige Monarchisten. Keine bürgerliche Partei wollte die Monarchie abschaffen. Nicht einmal die Mehrheit der Sozialdemokraten wollte es. Ebert, der letzte kaiserliche Reichskanzler und erste republikanische Reichspräsident, versuchte als Vorsitzender der SPD noch am 9.November 1918 verzweifelt, die Monarchie zu retten. Er gab sich große Mühe, seinen letzten Vorgänger im Reichskanzleramt,

Prinz Max von Baden, als »Reichsverweser«, also als Statthalter eines künftigen Monarchen, zu halten, und er nahm es seinem Parteifreund Scheidemann sehr übel, daß er vom Balkon des Reichstages aus impulsiv die Republik ausgerufen hatte. Und wie Ebert dachten die meisten der damals sogenannten Mehrheitssozialdemokraten. Sie waren, wie auch die bürgerlichen Linksliberalen und manche katholischen Zentrumsleute, durchaus demokratisch gesinnt, aber sie waren im Grunde keine Republikaner. Ihr Demokratieverständnis war ein monarchistisches. Unter »Demokratie« verstanden sie die Brechung des politischen Adelsmonopols, besonders durch Abschaffung des preußischen Dreiklassenwahlrechts, und mehr Macht für die »Volksvertretung«, den Reichstag: Er sollte in Zukunft den Kanzler durch ein Mißtrauensvotum stürzen können. Aber ernennen sollte den Kanzler nach wie vor der Kaiser. »Demokratische Grundsätze in einer monarchischen Regierung« - das Motto, das der preußische Reformminister Hardenberg hundert Jahre vorher geprägt hatte, war im Grunde auch noch das der demokratischen (sozialdemokratischen) Reformpolitiker der Zeit des ersten Weltkriegs. Eine monarchische Regierung, eine Regierung von oben, war ihnen noch selbstverständlich. Was sie wollten und »Demokratie« (oder auch, gut deutsch, »Volksstaat«) nannten, war im Grunde nur eine Mitbestimmung von unten, erweiterte Rechte für ein auf breiterer Basis gewähltes Parlament; wenn man es zugespitzt sagen will; eine mächtigere volkstümliche Daueropposition gegen die kaiserliche Regierung.

Diese Vorstellung schlug sich dann auch in der Weimarer Verfassung nieder. Man hat die Weimarer Verfassung damals die freieste der Welt genannt; und tatsächlich gab sie der politischen Betätigung des Volkes mehr Auslauf als das Grundgesetz der Bundesrepublik; man könnte sogar sagen: sie überforderte die Politikfreudigkeit der Deutschen. Nicht nur der Reichstag und die Landtage, auch der Reichspräsident wurde vom Volk gewählt; und außerdem gab es noch Volksbegehren und Volksentscheid, die das Bonner Grundgesetz nicht kennt. Im Krisenjahr 1932 wurde der Wähler viermal an die Urnen gerufen: zwei Wahlgänge einer Reichspräsidentenwahl und zwei Reichstagswahlen. Das war zuviel. Es erzeugte Überdruß und das Gefühl: »So kann es nicht weitergehen.«

Und trotzdem enthielt die Weimarer Verfassung, im Gegensatz zum Bonner Grundgesetz, immer noch ein starkes monarchisches Element. Der Reichspräsident war praktisch ein Wahlmonarch. Er war sogar mächtiger als der erbliche Monarch, dessen Platz er einnahm. Er konnte sich, unter dem Notstandsartikel der Verfassung, dem berühmt-berüchtigten Artikel 48, jederzeit zum Diktator machen, was der Kaiser nicht gekonnt hatte. Und davon ist auch, unter Ebert wie unter Hindenburg, reichlich Gebrauch gemacht worden. Ein geistreicher junger Historiker, Michael Stürmer, hat gesagt, die Weimarer Verfassung habe in Wahrheit zwei Verfassungen in einer enthalten, eine für gutes, eine für schlechtes Wetter: Bei gutem Wetter regierte eine auf die Reichstagsmehrheit gestützte Reichsregierung; bei schlechtem Wetter regierte der Reichspräsident - uneingeschränkt; er konnte praktisch tun, was er wollte.

Das ist verwirrend für das Wählervolk, besonders für ein so ordnungsliebendes, »unpolitisches« Wählervolk wie das deutsche; und eigentlich kann man ihm keinen Vorwurf daraus machen, daß es mit einer so verwirrenden Verfassung nicht umzugehen lernte. Interessant ist, daß der deutsche Wähler auch damals schon einen gewissen Instinkt dafür zeigte, wo die wirkliche Macht lag: Reichspräsidentenwahlen erbrachten eine höhere Wahlbeteiligung als Reichstagswahlen, und Hindenburg, der einzige je in freien Wahlen gewählte Reichspräsident, errang zweimal eine absolute Mehrheit, was keiner Partei in Reichstagswahlen je gelang. Interessant aber auch wieder, daß den Deutschen bei dieser Quasi-Monarchie doch nicht recht wohl war. Die Kanzler des »Präsidialregimes« von 1930 bis 32, Brüning, Papen und Schleicher, waren unpopulär, und in der massiven Welle, die bei den vielen Wahlen dieser Jahre gegen sie anbrandete (und die hauptsächlich die Nazis, aber auch die Kommunisten hochtrug), lag auch, so seltsam uns das heute klingen mag, ein demokratischer Zug: Das Wahlvolk wollte wohl klare und dauerhafte Regierungsverhältnisse, nicht die ewig wechselnden Regierungen der ewig wechselnden Kombinationen unter den vielen Parteien der Weimarer Zeit; aber es wollte auch keine Herrenclubregierung. Daß dieser an sich durchaus gesunde Instinkt dann schließlich Hitler zugute kam, ist natürlich eine Tragödie. Aber es hat keinen Zweck, die Augen davor zu verschließen: Hitler war gewiß kein Demokrat, aber was ihn an die Macht brachte, war im wesentlichen ein demokratischer Vorgang. Demokratisch in doppelter Hinsicht: Seine Partei wurde zur stärksten in vollkommen korrekten freien Wahlen; und diese Partei war, im Vergleich etwa mit Papens »Kabinett der Barone«, eine Volkspartei, zusammengesetzt aus Menschen aller Klassen, mit dem Schwerpunkt in der unteren Mittelklasse; auch ihre Führungsgruppe, Hitler eingeschlossen, war alles andere als aristokratisch.

Man weist demgegenüber gern darauf hin, daß Hitler seine Ernennung zum Reichskanzler schließlich einem Bündnis mit Papen verdankte, das von Hindenburg abgesegnet wurde. Das stimmt. Aber: Papen wie Hindenburg handelten zähneknirschend; sie hatten 1932 ihr Äußerstes getan, Hitler von der Macht fernzuhalten und an ihm vorbeizuregieren; erst als sie einsehen mußten, daß das nicht mehr ging, hoben sie ihn ins Amt, und sie hätten es nie getan, wenn hinter Hitler nicht eben 13 Millionen Wähler gestanden hätten - doppelt so viel wie hinter der nächststärksten Partei. Was Hitlers konservative Steigbügelhalter eigentlich wollten, wäre ein deutscher Faschismus gewesen: eine reine Oberklassenherrschaft über ein passiv gehorsames Untertanenvolk, wenn irgend möglich wieder mit monarchischer Spitze (übrigens wäre das erträglicher gewesen als das, was den Deutschen unter Hitler dann blühte). Aber es war 1932 nicht mehr zu machen. Die Kapitulation der Konservativen vor Hitler war eine Kapitulation vor dem Wählerwillen - also in gewissem Sinne vor der Demokratie. Von den fünf Parteien, die in den Wahlen der letzten drei Weimarer Jahre noch übrigblieben, wollte nur eine, die SPD, die Weimarer Verfassung erhalten, also die halb präsidiale, halb parlamentarische Demokratie, die sie verkörperte. Alle anderen wollten sie abschaffen, und zwar wollten Zentrum und Deutschnationale zurück zum alten Obrigkeitsstaat; aber die beiden Parteien, die schließlich zusammen die Wählermehrheit gewannen, die Nationalsozialisten und die Kommunisten, wollten auch das nicht. Sie wollten jeweils, gestützt auf ein revolutionäres Volksmandat, allein regieren, sie wollten einen Einparteienstaat; und das wollte offenbar damals auch eine Mehrheit der deutschen Wähler, wobei sie im Verhältnis von zwei zu eins einem nationalsozialistischen Einparteienstaat vor einem kommunistischen den Vorzug gab. Was ging in diesen 20 Millionen Durchschnittsdeutschen vor, die damals nationalsozialistisch oder kommunistisch wählten, was war ihr - bewußtes oder unbewußtes - Raisonnement? Vergessen wir nicht, diese Menschen waren keine Irren und keine Teufel; in den Jahren zuvor hatten sie zum allergrößten Teil gutdemokratische Parteien gewählt. Es ist Unsinn, daß die 13 Millionen Naziwähler von 1932, um nur von diesen zu reden, bewußt für Krieg und Kriegsgreuel, Konzentrationslager und Judenmord stimmten; daß derartiges dabei herauskommen würde, ahnten höchstens die wenigen, die »Mein Kampf« gelesen hatten, und die noch wenigeren, die das wilde Buch ernstnahmen. Ebensowenig wählten die 6 Millionen KPD-Wähler den Archipel Gulag. Nein, diese 20 Millionen wollten immer noch eine Regierung, die aus dem Volke hervorging. Dabei begingen sie allerdings einen Kurzschluß: Sie konnten sich einen funktionierenden und zugleich volkstümlichen Staat nur als Einparteienstaat vorstellen.

Der Verfasser wird nie den Ausspruch eines Jugendfreundes vergessen, den dieser, es muß 1931 gewesen sein, in einer der damals (anders als heute) üblichen hitzigen politischen Diskussionen tat. »Das wäre doch einmal etwas, wenn alle Deutschen dieselbe Partei wählten!« sagte dieser junge Mann, und dabei leuchteten seine Augen. In dem Ausspruch liegt zweierlei, das damals viele Gemüter mächtig bewegte: der tiefe, deutsch-unpolitische Überdruß an »Parteienhader« und »deutscher Zwietracht«, an

Regierungen, die alle Jahre oder sogar alle paar Monate wechselten, an der Ratlosigkeit der vielen Parteien angesichts der furchtbaren Wirtschaftskrise und des Massenelends, an ihrer unübersehbaren Verantwortungsscheu; aber ebenso die Einsicht, daß das alte Verhältnis von Obrigkeit und Untertan unwiderruflich dahin war und daß »alle Deutschen« sich selbst, von unten her, eine regierungsfähige Volksregierung schaffen mußten, wenn wieder geordnete Verhältnisse einkehren sollten und die Not gewendet werden sollte. Im Grunde ein gesunder Instinkt; denn Demokratie heißt ja nicht, daß das Volk selbst regiert (das ist unmöglich) und auch nicht, daß das Volk sich ständig ergebnislos darüber herumzankt, wer regieren soll und wie regiert werden soll. Sondern Demokratie heißt, daß das Volk darüber entscheidet, wer regieren soll, und sich eine Regierung gibt, die regieren kann; freilich auch - das übersah mein Freund, und mit ihm übersahen es viele Deutsche -, daß es sich das Recht vorbehält, die erteilte Regierungsvollmacht zu widerrufen, wenn es sich schlecht regiert fühlt, und eine andere Regierung zu wählen. Als Hitler sagte: »Gebt mir vier Jahre Zeit«, sprach er wie ein guter Demokrat. Nur daß er sich natürlich nicht daran gehalten hat, sondern schon innerhalb von Monaten dafür sorgte, daß er nicht nur nach vier Jahren, sondern überhaupt nicht mehr abgewählt werden konnte.

Natürlich begingen die Deutschen einen Denkfehler, als sie sich 1932/33 für den Einparteienstaat entschieden und sich damit der Möglichkeit begaben, die einmal gewählte Regierung auch wieder abzuwählen; und dieser Denkfehler hat sich bitter gerächt. Übrigens war das, was die Deutschen dann bekamen, nicht einmal ein Einparteienstaat, sondern eine Einmanndiktatur. Die Partei als solche hatte, nachdem Hitler einmal fest im Sattel war, nichts mehr zu sagen; die Gauleiter mochten das üppige Leben von Duodezfürsten führen, politisch mitreden ließ Hitler sie nicht. Und der eine Mann, der nun absolut regierte, Hitler selbst, erwies sich dann auch noch auf die Dauer als ein Mann des Unheils.

Daß sie etwas falsch, schrecklich falsch, gemacht hatten, das sahen die meisten Deutschen nach 1945 ein. Aber wo der Fehler gelegen hatte und wie sie es richtig machen könnten, das wußten sie zunächst nicht, und die Verhältnisse machten es Ihnen ja auch nicht gerade leicht, darüber nachzudenken. (Die »zornigen alten Männer«, die der »Stunde Null« nachtrauern und ihren Landsleuten nicht verzeihen können, daß sie damals nicht auf Schutt und Trümmern das politische Himmelreich auf Erden errichteten, vergessen, daß die drei Jahre der »Stunde Null« für die meisten Menschen in Deutschland Jahre äußerster Existenznot waren, in denen sie vollauf damit zu tun hatten, das nackte Leben zu erhalten; nicht allen gelang es). Die Wahlen in den neugegründeten Ländern der Besatzungszeit vollzogen sich in einer Atmosphäre allgemeiner Apathie, und auch der Bundesrepublik war bei ihrer Gründung wahrhaftig nicht anzusehen, daß aus ihr in dreißig Jahren die erfolgreichste Demokratie Europas werden würde. Sie wurde 1949 von ihren Bürgern eher mit einer Art Seufzer hingenommen, in einer Stimmung, die man in die Worte fassen könnte: »Ach um Gottes willen, nun das wieder! Also, wenn es denn sein muß - in Gottes Namen.« Sie fühlten sich in die Weimarer Republik zurückgeworfen, die sie doch seinerzeit schon hinter sich gelassen und in keiner guten Erinnerung behalten hatten. Und auch viele alliierte Beobachter waren damals der Meinung, daß die neue parlamentarische Demokratie sich wieder, wie dreißig Jahre zuvor, als bloßer Übergang zu einer neuen Diktatur erweisen würde, wenn die Deutschen erst einmal ein wenig zu Kräften gekommen sein würden. »Die Deutschen sind nun einmal keine Demokraten«, sagten sie, »und werden es nie werden.«

Sie sind es dann doch geworden. Dabei haben ihnen zwei große Männer geholfen, Adenauer und Wehner; und dabei hat ihnen auch eine zunächst kaum beobachtete, beinah genial zu nennende Vorkehrung des neuen Grundgesetzes geholfen; aber die entscheidende Arbeit haben sie doch selbst geleistet, und zwar beinahe unbewußt, ohne sich ganz darüber klar zu sein, was sie taten: nicht als politische Denker und Raisonneure, sondern als Wähler.

Wenn man sich das Wahlverhalten der Deutschen in der Weimarer Republik und in der Bundesrepublik ansieht, dann springt ein eklatanter Gegensatz ins Auge. In der Weimarer Zeit zersplitterten die Wähler ihre Stimmen zehn Jahre lang auf immer mehr Parteien - bis sie sich zum Schluß, erschrocken über den Wirrwarr, den sie angerichtet hatten, mehrheitlich auf die zwei Parteien konzentrierten, die alle anderen Parteien ganz und gar abschaffen wollten. In der Bundesrepublik haben die Wähler ihre Stimmen von Wahl zu Wahl auf immer weniger Parteien konzentriert.

Im ersten 1949 gewählten Bundestag saßen noch neun Parteien; im zweiten nur noch fünf;

im dritten vier; und seit der vierten Bundestagswahl, seit 1961, also seit nunmehr fast zwanzig Jahren, gibt es im Bundestag nur noch die drei (oder zweieinhalb) Parteien, die auch heute noch darin sitzen, CDU/CSU, SPD und FDP. Man hat schon in den fünfziger, noch deutlicher in den sechziger Jahren bemerkt, daß die Bundesrepublik sich, und zwar dank dem Verhalten ihrer Wähler, ohne irgendwelchen Zwang von oben, immer mehr auf ein Zweiparteiensystem hin bewegte. Ganz hat sie das bisher nicht erreicht. Neben den zwei großen Volksparteien, für die es seit zwanzig Jahren in jedem Wahlgang darum geht, welche von ihnen den Bundeskanzler stellen soll, hat sich noch, wenn auch manchmal nur mit knapper Not, eine kleine liberale Partei erhalten, die keinen Kanzlerkandidaten vorzuweisen hat. Aber diese Partei ist seit elf Jahren mit der SPD so fest verbunden, daß sie nur unter akuter Gefahr für ihr Weiterbestehen aus dem Bündnis ausbrechen könnte; so daß man das heutige Parteiensystem der Bundesrepublik, wenn auch noch nicht als ein Zweiparteiensystem, so doch als ein Zweiparteigruppensystem bezeichnen kann (auch CDU und CSU sind ja, obwohl noch fester verbunden als SPD und FDP, formal immer noch zwei Parteien).

Wir werden auf die innere Entwicklung der Parteien im nächsten Kapitel ausführlicher zu sprechen kommen. Hier haben wir es nicht mit den Parteien, sondern mit den Wählern zu tun, und da ist festzuhalten, daß der deutsche Wähler in der Bundesrepublik ein ganz anderes Verhältnis zu den Parteien gezeigt und ihnen eine ganz andere Aufgabe zugewiesen hat als in der Weimarer Periode und übrigens auch im Kaiserreich. Damals erwartete er von der Partei, die er wählte, daß sie gegenüber Staat und Regierung seine ganz speziellen Interessen vertrat und womöglich auch noch seiner individuellen Weltanschauung und seinen individuellen Vorlieben Ausdruck verlieh; daß sie den Staat regieren konnte, verlangte er nicht von ihr. Das besorgte der Reichspräsident und vor ihm der Kaiser, die die Regierung ernannten. Der Reichstag und die Parteien waren nur dazu da, die Regierung zu kritisieren und (später, in der Republik) notfalls zu stürzen.

Das ist ganz anders geworden - und die stille Revolution des Wählerverhaltens und der Wählererwartung, die sich seit den fünfziger Jahren in Deutschland vollzogen hat, ist noch immer längst nicht genug in ihrer ganzen Bedeutung erkannt. Jetzt erwartet der Wähler von der Partei, die er wählen soll, daß sie eine Regierung stellen kann; er wählt gewissermaßen durch die Partei, der er seine Stimme gibt, die Regierung, die er haben will. Dabei nimmt er in Kauf, daß die Partei seiner Wahl ihm nicht auf den Leib geschneidert ist. Sie muß ja, wenn sie regierungsfähig sein soll, mehrheitsfähig sein; das heißt, sie muß alle möglichen Interessen, Weltanschauungen und politischen Präferenzen in sich unterbringen und irgendwie ausgleichen können. Keine Partei erweckt heute bei ihren Wählern Begeisterung - was übrigens die merkwürdige Gelassenheit und Uninteressiertheit erklärt, mit der der Wähler heutzutage Wahlkämpfe über sich ergehen läßt. Wählen tut er dann doch. »Zähneknirschend CDU« war die Parole, die ein bedeutender Publizist, Gerd Bucerius, zur Wahl von 1965 ausgab. Sehr viele Wähler knirschen bei jeder Wahl ein bißchen mit den Zähnen; jede der beiden großen Volksparteien hat wohl schon jeden ihrer Wähler gelegentlich verärgert. Aber er nimmt es hin, denn das Land muß ja regiert werden, und - das ist das Neue - es gibt keinen Kaiser und keinen Hindenburg mehr, der dafür sorgt, daß es irgendwie weitergeht, wenn die Parteien nicht mehr damit zu Rande kommen. Der Wähler muß selbst für eine regierungsfähige Mehrheitspartei sorgen. Dazu nötigt ihn das

Grundgesetz mit einer Bestimmung, die wir vorhin beinah genial genannt haben.
Sie steht im Artikel 63 des Grundgesetzes und besagt, daß der Bundeskanzler vom Bundestag mit den Stimmen der Mehrheit seiner Mitglieder gewählt wird. Das ist eine Bestimmung, die es sonst nirgendwo gibt, und die es auch im Weimarer Deutschland nicht gegeben hat. Überall sonst wird der Regierungschef vom Staatsoberhaupt ernannt. Vom Parlament kann er nur gestürzt werden - worauf das Staatsoberhaupt einen neuen Regierungschef ernennen muß, der sich im Parlament eine neue Mehrheit sucht. Exekutive und Legislative, Obrigkeit und Volksvertretung, stehen sich in allen demokratischen Ländern außer der Bundesrepublik gegenüber, ungefähr wie Parteien in einem Gerichtsverfahren: Die eine regiert, die andere macht ihr das Regieren schwer; das Parlament macht nicht die Regierung, es kontrolliert sie, und wenn es ihm zu bunt wird, stürzt es sie.
Das ist das herkömmliche Demokratieverständnis: Das Volk wählt eine ›Volksvertretung‹, die der Regierung auf die Finger sieht und, wenn es hart auf hart geht, auf die Finger klopft. Es wählt nicht die Regierung; die kommt irgendwie von oben. Es war, nebenbei gesagt, diese Art Demokratie, die Thomas

Mann vor Augen hatte, als er schrieb, die Deutschen würden die Demokratie nie lieben können, weil sie Sachlichkeit, Ordnung und Anstand, also eine gute Regierung, wollten, nicht aber Politik, also ewige Kritik und Parteienhader. Damit hatte er Recht. Die Reichstage des Kaiserreichs und der Weimarer Republik, die nur kontrollierten und kritisierten, waren in Deutschland nie wirklich populär, sie hießen »Schwatzbuden«, und im Grunde ihres Herzens waren die meisten Deutschen bei Konflikten zwischen Regierung und Parlament innerlich auf der Seite der Regierung.
Aber Thomas Mann hatte Unrecht, wenn er glaubte, dies sei die einzige Art von Demokratie, die es geben könnte. »Demokratie« heißt doch, wörtlich übersetzt, Volksherrschaft, Volksregierung. Ist es denn eigentlich Volksregierung, wenn das Volk nur eine Volksvertretung wählt, die der Regierung das Leben schwer macht, einen Wachhund, der die Regierung verbellen und sie wegbeißen kann? Ist es nicht eine viel echtere Demokratie, wenn das Volk selbst die Regierung wählt, die es haben will? Und ist eine solche Demokratie nicht gerade dem deutschen Nationalcharakter, der deutschen Sachlichkeits-, Ordnungs- und Anstandsliebe, viel angemessener?

Die Väter des Grundgesetzes haben diesen einfachen, aber bisher sonst nirgendwo verwirklichten Gedanken nicht nur zu denken gewagt, sie haben ihn mit kühnem Griff zur Verfassungsnorm gemacht. Niemand *ernennt* heute mehr den Bundeskanzler; er wird gewählt, und zwar von der Mehrheit des Bundestages, der seinerseits vom Volk gewählt wird. Das heißt, er wird in indirekter Wahl vom Volke gewählt - wie ein amerikanischer Präsident. Stürzen kann der Bundestag den einmal gewählten Bundeskanzler nur, indem er einen neuen wählt, und das hat sich im Laufe der dreißigjährigen Geschichte der Bundesrepublik als sehr schwierig erwiesen. Es ist nur einmal versucht worden, und dieser Versuch ist mißlungen.

Der Artikel 63 des Grundgesetzes hat die Macht des Parlaments zugleich erweitert und eingeschränkt. Eingeschränkt hat er seine Kontrollmacht; denn die Parlamentsmehrheit, die den Bundeskanzler und damit die Regierung gewählt hat, wird ihre eigene Regierung nicht so leicht kritisieren oder gar stürzen. Aber andererseits ist die Befugnis, die Regierung selbst zu wählen, natürlich eine ungeheure Erweiterung der Parlamentsmacht. Vor allem aber ist sie eine ungeheure Erweiterung der Wählermacht; ja, sie gibt dem Wähler überhaupt erst wirkliche Macht. Der Wähler des Bundestags wählt nicht mehr wie der des alten Reichstags eine »Schwatzbude«, nicht mehr nur eine bloße »Volksvertretung« mit dem Recht, in seinem Namen zu kritisieren und zu raisonnieren und Regierungen allenfalls zu stürzen: Er wählt, durch den Bundestag, die Regierung. Der Bundestag hat zu seinen übrigen Funktionen eine neue hinzubekommen - und in den Augen des Wählers ist es zweifellos seine wichtigste geworden -: Es ist praktisch das Wahlkollegium für die Bundeskanzlerwahl geworden. Bundestagswahlen sind Kanzlerwahlen, und der Wähler hat es - nicht sofort, aber im Laufe der Jahre - begriffen.

Das erklärt den tiefen Wandel des Wählerbewußtseins und des Wahlverhaltens im Vergleich zu früheren Zeiten. Die wichtigste Figur im Wahlkampf ist heute der Kanzlerkandidat, den die Parteien dem Wähler präsentieren. Eine Partei, die nicht glaubhaft einen eigenen Kanzlerkandidaten vorweisen kann, weil sie zu klein ist, um je den Kanzler stellen zu können, hat es schwer. Mindestens muß sie ganz klar sagen, welchem Kanzlerkandidaten einer anderen Partei sie im Bundestag ihre Stimme geben wird. Täte sie es nicht, wäre sie unter heutigen Bedingungen rettungslos verloren - wie die vie-

len Parteien, die noch im ersten Bundestag saßen und seitdem auf der Strecke geblieben sind.
Der bundesrepublikanische Wähler von heute legt mit seiner Wahl nicht mehr, wie der deutsche Wähler von einst, einfach ein politisches Bekenntnis ab. Er übt Macht - demokratische Macht - aus. Er wählt die Regierung - und er wählt sie ab.
Wir sagten vorhin, daß zu dieser entscheidenden Bewußtseinsveränderung des deutschen Wählers außer dem Grundgesetz auch zwei große deutsche Politiker beigetragen haben, Adenauer und Wehner. Hier ist der Ort, das Verdienst Adenauers kurz zu würdigen. 1949 war die ungeheure Neuerung, die das Grundgesetz eingeführt hatte, ja noch keineswegs ins Wählerbewußtsein eingedrungen. Kaum einer hatte das Grundgesetz gelesen. Die Wähler kehrten einfach - ohne Begeisterung - zu ihren alten Wahlgewohnheiten zurück. Der erste Bundestag war, mit seinen neun Parteien, noch ganz ähnlich buntgewürfelt wie die Weimarer Reichstage; die Wähler hatten, ganz wie damals, ihren persönlichen politischen Vorlieben freien Lauf gelassen, mit dem Hintergedanken: »Es nützt ja doch alles nichts.« Es war Adenauer, der ihnen ganz hart beibrachte, daß so eine

funktionierende Demokratie nicht zu schaffen war. Wie ein strenger Lehrer lehrte er die Deutschen, daß es mit der Demokratie in Deutschland jetzt ernst geworden war; daß sie Macht hatten und damit auch Verantwortung; daß Wahl jetzt Wahl hieß; daß sie nicht nur eine »Volksvertretung«, sondern eine Regierung gewählt hatten, ob sie es wußten oder nicht; und daß sie sich in Zukunft entscheiden mußten, welche Regierung sie wählen wollten - so oder so. Das tat er, indem er die große Koalition, die sich die meisten damals wünschten, hart ablehnte und stattdessen eine Regierung bildete, die die knappste denkbare Mehrheit hatte (eine Stimme - seine eigene), aber dafür eine geschlossene politische Konzeption (wiederum seine eigene). Damit stellte er die Wähler vor eine klare Alternative: für oder gegen Adenauers Politik; so machte er ihnen klar, daß Bundestagswahlen Kanzlerwahlen sind und keine bloßen Meinungsäußerungen. Er zwang den Wähler, von nun an Verantwortung zu übernehmen.

Wie bei den meisten großen politischen Taten gab es auch eine Schattenseite. Adenauer polarisierte die Politik und die Parteien. Er bekämpfte den politischen Gegner gnadenlos, als wolle er einen Regierungswechsel für immer unmöglich machen. Im Wahlkampf von 1957 verstieg er sich zu der Behauptung, ein Wahlsieg der SPD bedeute den Untergang Deutschlands. Das erinnerte an Bismarcks schlechte Gewohnheit, opponierende Parteien als »Reichsfeinde« abzustempeln. Ja, man konnte sogar so etwas wie einen Appell an die Gefühle heraushören, die 1932/33 so viele Deutsche in die Falle des Einparteienstaates getrieben hatten. Damals begann es ein wenig so auszusehen, als entwickle sich unter der Hand - unter Adenauers harter Hand - doch wieder ein Einparteiensystem, wenn auch ein demokratisch gemildertes; doch wieder eine ewige Regierungspartei, die nur gerade noch eine lizensierte Daueropposition zuließ.

Daß es dazu nicht gekommen ist, daran trägt ein Hauptverdienst der andere vorhin schon genannte große deutsche Politiker der bundesrepublikanischen Geschichte, der Sozialdemokrat Herbert Wehner. Wehner hat Adenauers Polarisierungspolitik unterlaufen und die SPD bundesweit mehrheits- und regierungsfähig gemacht, indem er die Partei dazu brachte, die beiden anfänglich von ihr erbittert bekämpften, aber von der großen Mehrheit der Bürger ratifizierten Grundpfeiler der Adenauerregierung, die Marktwirtschaft im Innern und das

Westbündnis im Äußeren, nicht nur zu akzeptieren, sondern zu übernehmen und zum Ausgangspunkt weiterführender eigener Konzeptionen zu machen. Damit wollte Wehner in erster Linie seiner Partei dienen, wie auch Adenauer mit seiner Politik der entschlossenen Zweiteilung in erster Linie seiner Partei dienen wollte. Aber beide erwiesen damit auch, bewußt oder unbewußt, dem Ganzen einen Dienst: Sie bereiteten, jeder in seiner Art, das Zweiparteigruppensystem vor, das wir heute haben, und das der Demokratie in der Bundesrepublik Ausgewogenheit und Stabilität gibt. Wehners Politik hat die SPD große Selbstüberwindung gekostet, aber sie hat sich bezahlt gemacht. Erst dadurch, daß sie die Kontinuität deutscher Innen- und Außenpolitik für den Fall eines Regierungswechsels sicherstellte, ist die SPD aus dem »30 Prozent-Turm«, in dem sie fast ein Jahrzehnt lang gefangen gesessen hatte, herausgekommen und für große Massen von Wählern, die früher nie davon geträumt hätten, etwas anderes als CDU zu wählen, zu einer echten Alternative geworden. Und erst so ist die Bundesrepublik, statt zu einem demokratisch modifizierten Einparteienstaat, zu einem wirklichen Zweiparteigruppenstaat geworden. Erst seit Wehner steht sie fest auf zwei Beinen.

Aber auch Wehners weitsichtige Politik von 1959/60 hätte das nicht bewirken können, wenn der Wähler ihren Sinn nicht begriffen hätte - so wie Adenauers Lektion von 1949 nichts gefruchtet hätte, wenn der Wähler nicht lernwillig gewesen wäre. Die deutschen Wähler legten in den fünfziger und sechziger Jahren ein sehr differenziertes Verhalten an den Tag. Adenauers Politik - die Marktwirtschaft und das Westbündnis - gefiel ihnen; und darum wählten sie ihn immer wieder; aber Adenauers Selbstherrlichkeit gefiel vielen nicht, und zum Einparteienstaat wollten sie ganz und gar nicht wieder zurück; und darum gaben sie der CDU/CSU zwischen den Kanzlerwahlen immer wieder einmal einen Nasenstüber; dazu benutzten sie die Länderwahlen - eine beinah listig zu nennende Weise, vom föderativen Aufbau der Bundesrepublik politischen Gebrauch zu machen.

Schon seit den fünfziger Jahren konnte man eine Neigung der Wähler beobachten, in Länderwahlen anders zu wählen als in Bundestagswahlen: gerade die Partei, die in Bonn *nicht* regierte, in den Ländern stärker zu machen. Wer Länderwahlen als »Testwahlen« für die nächste Bundestagswahl betrachtete, ist immer wieder enttäuscht worden. In den fünfziger und sechziger Jahren brachten Länderwahlen fast durchgängig Erfolge für die SPD - und im Bund wurde dann doch wieder die CDU in die Regierung gewählt. In den siebziger Jahren war dasselbe mit umgekehrtem Vorzeichen zu beobachten. Unverkennbar wollen viele Wähler in Landtagen und Länderregierungen ein Gegengewicht zum Bundestag und zur Bundesregierung herstellen. Das ist nicht, wie manchmal gesagt wird, ein »Mitleidseffekt«. Sentimental ist der deutsche Wähler nicht. Eher drückt sich darin ein Bestreben aus, durch unterschiedliche Mehrheiten in Bundestag und Bundesrat die Parteien, die im Bundestag gegeneinander stehen, zu einer gewissen Zusammenarbeit zu nötigen, ein allzugroßes Auseinanderleben von Regierung und Opposition zu verhindern und Kompromisse zu erzwingen. Die Parteien - so kann man den Wählerwillen deuten - sollen ständig daran erinnert werden, daß sie beide demselben Lande dienen und jederzeit bereit bleiben müssen, einander in der Regierung dieses Landes abzulösen, ohne daß der Zug deswegen aus den Schienen springen darf. In den fünfziger und sechziger Jahren ist das in den Ländern meistens der SPD zugutegekommen; in den Siebzigern eher der CDU.

Trotzdem hätte es der SPD im Bunde kaum zur

Regierung verholfen, solange sie die von Adenauer geschaffenen Grundlagen bundesdeutscher Innen- und Außenpolitik, Marktwirtschaft und Westbündnis, trotzig ablehnte. Erst als Wehner, 1959 und 1960, in diesen Grundfragen die Kuh vom Eise geholt hatte, wurde das anders. Von 1961 an rückte die SPD von Wahl zu Wahl in großen Sprüngen der CDU/CSU auf die Fersen. 1969 reichte es dann zum Kanzlerwechsel. Und völlig unabhängig davon, ob man diesen Wechsel parteipolitisch begrüßt oder beklagt, muß man die Tatsache, daß ein Wechsel sich ohne Erschütterung des Staatsgefüges als möglich erwiesen hat, wohl als ein erfreuliches Zeichen dafür ansehen, daß Demokratie in Deutschland jetzt funktioniert. Natürlich muß Wechsel auch weiter möglich bleiben - und darf auch weiterhin keine abrupte Kehrtwendung bedeuten.

Wir begannen unsere Überlegungen mit der Feststellung, daß die Deutschen seit zwanzig Jahren konstant 95 Prozent ihrer Stimmen auf dieselben drei demokratischen Parteien verteilen und damit zunächst einmal bekunden, daß sie mit dem demokratischen System, unter dem sie leben, zufrieden sind. Eine weitere Feststellung läßt sich hinzufügen, die ebenfalls das Nachdenken lohnt: Im Laufe der dreißig

Jahre haben die Wähler ihre Stimmen unter den Parteien immer gleichmäßiger verteilt. 1957 war die CDU der SPD noch um fast 20 Prozent der Wählerstimmen voraus - ein fast uneinholbar scheinender Vorsprung. Auch heute ist sie meistens noch die etwas stärkere Partei, aber ihr Vorsprung ist auf wenige Prozentpunkte geschrumpft, und einmal, 1972, hat die SPD sogar schon um ein knappes Prozent die Nase vorn gehabt. Wenn man nicht nur die beiden großen Parteien, sondern die beiden Parteigruppen vergleicht, die sich in den letzten zehn Jahren herausgebildet haben, dann kann man beinahe von Gleichstand reden. Der Ausgang jeder Bundestagswahl ist offen, und die Mehrheiten, mit denen sie entschieden wird, sind klein. Nimmt man dazu noch die vorhin beschriebene Neigung der Wähler, das Ergebnis der Bundestagswahl durch unterschiedliche Stimmabgabe bei den Länderwahlen zu kompensieren, dann läßt sich nur *eine* Schlußfolgerung ziehen: Offenbar will der deutsche Wähler die Regierung, die er jeweils wählt, am kurzen Zügel halten und die Alternative nah bei der Hand haben. Ein Wechsel soll jederzeit möglich bleiben, ja, die jeweils unterlegene Parteiengruppe soll, über die Ländervertretung, immer auch ein wenig mitregieren können. Parteienstreit alten Stils ist in Deutschland immer noch nicht gern gesehen, und eine radikale Oppositionshaltung zahlt sich nicht aus. »Sachlichkeit, Ordnung und Anstand« heißt immer noch die Parole; hinzufügen ließe sich noch: Kontinuität. Das alles ist jedenfalls die Forderung des Wählers an die Parteien. Was der Deutsche wählt, was er wirklich haben will, ist im Grunde nicht eine Regierung und eine Opposition, sondern eine Regierung und eine Reserveregierung.

Das ist ein großer Wandel der Wählermentalität, der sich in einem langen Lernprozeß vollzogen hat. (Auch der furchtbare Irrweg der dreißiger Jahre gehörte zu diesem Lernprozeß). Der Wandel der Wählermentalität nötigt auch den Parteien Wandel auf - Rollenwandel, Funktionswandel, Haltungswandel. Dieser Wandel ist noch in vollem Gange.

KAPITEL II

Parteien im Wandel

Was sind eigentlich Parteien, und wozu sind sie da? Wir reden von ihnen und gehen mit ihnen um, als ob wir das wüßten, aber wir wissen es keineswegs, und auch die Parteien selbst wissen es nicht genau. Und das ist kein Wunder, denn diese merkwürdigen Gebilde, ohne die wir uns heute Politik gar nicht mehr vorstellen können, sind etwas, das es noch gar nicht lange gibt. In Deutschland sind sie keine 150 Jahre alt und auch anderswo nicht viel älter.

In den rund 3000 Jahren Weltgeschichte, über die wir ungefähr Bescheid wissen, sucht man 2700 bis 2800 Jahre lang vergebens nach Parteien. Selbst die Griechen, die doch schon alle modernen Staatsformen erfanden und ausprobierten - Monarchie, Aristokratie, Demokratie, auch Tyrannis, die wir heute Diktatur nennen: Von Parteien wußten sie nichts. Die athenische

Demokratie des Fünften und Vierten Jahrhunderts kam ohne Parteien aus; das Volk, das heißt die freien Bürger (Sklaven hatten auch in der Demokratie nicht mitzureden) versammelten sich auf dem Marktplatz und stimmten dort direkt ab, wie es ihnen gerade gefiel, mal so, mal so. Im römischen Reich gab es wohl Klassen und Klassenkämpfe, fast ein Jahrhundert lang sogar fast permanenten Bürgerkrieg, aber keine Parteien. Marius und Sulla, Caesar und Pompeius waren keine Parteiführer; sie hatten deutlich erkennbare Klasseninteressen hinter sich, aber nichts, was, selbst ohne den Namen, auch nur von ferne heutigen Parteiorganisationen ähnlich gewesen wäre.
Im ganzen abendländischen Mittelalter: keine Parteien. Auch die italienischen Guelfen und Ghibellinen - also die Gegner und die Anhänger der Stauferherrschaft in Italien - organisierten sich nicht als Parteien. Man kann auch die Katholiken, Lutheraner und Calvinisten der Reformations- und Gegenreformationszeit nicht gut Parteien oder Vorläufer von Parteien nennen. Sie blieben Kirchen, und daß Parteien etwas anderes als Kirchen sind, liegt auf der Hand. Unter den absoluten Monarchien, die das Zeitalter der Religionskriege beendeten, ist dann erst recht von Parteien keine Rede.

Außer in England. Dort deutete sich im späten 17. Jahrhundert so etwas wie eine Parteienbildung an, zum ersten Mal in der bekannten Weltgeschichte. Die englischen Whigs und Tories, die sich als feste Gruppierungen im englischen Parlament in den sechzehnhundertneunziger Jahren etablierten, sind deutlich als Vorläufer der späteren Liberalen und Konservativen zu erkennen. Nur als Vorläufer: Sie waren noch rein parlamentarische Gruppierungen, ohne Parteiorganisationen im Lande, überhaupt ohne die feste Organisation, die heute zu den Merkmalen einer Partei gehört. Immerhin gibt uns diese erste geschichtliche Vorform einer Parteienbildung ein paar wichtige Hinweise: Vorausgegangen war ihr ein langer Bürgerkrieg; die neuen parlamentarischen »Parteien« spiegelten in gewisser Weise die friedlich gewordenen »Parteien« des Bürgerkriegs wider. Ihr Nährboden war ein Parlament, und der erste Ansatz zu einer Parteienbildung vollzog sich in einem Lande, in dem die Errichtung einer absoluten Monarchie, anders als überall sonst in Europa, gescheitert war, und eine lange Folge von Revolutionen und Bürgerkriegen mit einer erheblichen Machtverschiebung vom Monarchen zum Parlament geendet hatte. Die Bildung mehr oder weniger fester Fraktionen im

Parlament - denn das waren die ursprünglichen Whigs und Tories im Grunde: Fraktionen, noch nicht Parteien - war offenbar eine Folge dieses parlamentarischen Machtzuwachses. Solange der Monarch noch allein regiert hatte und das Parlament ihm nur die Steuern bewilligte (oder vorenthielt), war es ohne Parteien ausgekommen. Man stimmte mit von Fall zu Fall wechselnden Mehrheiten ab. Seit das Parlament mitregierte, ging das offenbar nicht mehr. Ein erstes Vorzeichen, daß Parteien etwas mit Regierung zu tun haben.

Aber die Whigs und Tories blieben noch hundert Jahre lang eine englische Spezialität - man kann fast sagen: eine englische Exzentrizität, die anderswo keine Nachahmung fand. Die ersten wirklichen Parteien - Parteien mit landesweiten Organisationen und örtlichen »Parteimaschinen« - tauchen in der Weltgeschichte erst hundert Jahre später auf, und zwar nicht etwa in Europa, sondern in den funkelnagelneuen Vereinigten Staaten von Amerika, in den achtziger Jahren des 18. Jahrhunderts. Und das ist ein weltgeschichtliches Ereignis, das sich etwas näher zu betrachten lohnt. Denn nicht nur haben sich die beiden Parteien, die sich damals in Amerika bildeten, unter wechselnden Namen bis heute erhalten und sind noch immer die selbstverständlichen Träger des gesamten amerikanichen politischen Lebens; sondern auf das amerikanische Urbild bewegen sich heute, bewußt oder unbewußt, auch die ursprünglich ganz anders strukturierten Parteien der meisten Demokratien Europas zu, nicht zuletzt die der Bundesrepublik Deutschland.

Das erste, was einem Europäer an den amerikanischen Parteien, den Republikanern und Demokraten, auffällt, ist, daß sie so schwer zu unterscheiden sind. Der Europäer erwartet von Parteien immer noch in erster Linie, daß sie sich streiten; das sie entgegengesetzte Meinungsströmungen, Klasseninteressen oder verschiedene politische Weltanschauungen vertreten. Aber die amerikanischen Parteien streiten sich eigentlich nicht; sie konkurrieren nur, wie zwei Industriekonzerne, die gleiche Produkte anbieten. Politischer Meinungsstreit über aktuelle Fragen geht in Amerika meist quer durch beide Parteien hindurch und spielt sich mehr in ihnen als zwischen ihnen ab. Ideologisch ist überhaupt kein Unterschied zwischen ihnen festzustellen. Und auch mit der Zuordnung zu Klasseninteressen hapert es. Atmosphärisch mögen die Republikaner etwas patrizischer, die Demokraten etwas plebejischer anmuten - und die Republikaner entsprechend konservativer, die Demokraten liberaler; aber wenn man näher zusieht, löst sich dieser erste Eindruck auf. Der Demokrat Roosevelt war ein Aristokrat; der Republikaner Nixon kam aus dem untersten Kleinbürgertum. Und in den Südstaaten sind noch heute die »linken« Demokraten die Partei der ehemaligen Sklavenhalter, die »rechten« Republikaner die der Sklavenbefreier. Kurz, die Parteizugehörigkeit sagt in Amerika wenig über die Klassenzugehörigkeit, wenig auch über die politische Meinung aus; es gibt »linke« und »rechte« Demokraten, »rechte« und »linke« Republikaner. Für den Europäer ist das immer noch verwirrend. Aber so war es in Amerika von Anfang an, und vergessen wir nicht: Es waren die Amerikaner, nicht die Europäer, die die Parteien erfunden haben. Offensichtlich haben sie sich etwas dabei gedacht, sie von Anfang an so breit anzulegen, nicht als Klassen-, Meinungs- oder Weltanschauungsparteien, sondern als das, was man bei uns heutzutage »Volksparteien« nennt.

Warum sind denn überhaupt die Parteien in Amerika entstanden und nicht in Europa? Und warum haben sie in Amerika von vornherein eine Form angenommen, der sie in Europa erst heute, zweihundert Jahre später, und immer noch zögernd, beinah verstohlen, beinah wi-

derwillig, zustreben? Die beiden Fragen hängen zusammen, und die kurze Antwort auf beide lautet wahrscheinlich: weil in Amerika die moderne Massendemokratie entstanden ist - während die Europäer immer noch dabei sind, die Demokratie zu erlernen.
Die dreizehn amerikanischen Kolonien, die sich nach gewonnener Unabhängigkeit 1788 als Vereinigte Staaten von Amerika etablierten, hatten ja nicht nur einen Unabhängigkeitskrieg geführt; sie hatten eine Revolution gemacht. Und diese Revolution war viel mehr als eine Auswechselung des Herrschers und des Herrschaftspersonals. Die amerikanische Unabhängigkeitserklärung enthält den ungeheuren Satz: »Regierungen muß es unter Menschen geben; sie beziehen ihre berechtigten Gewalten von der Zustimmung der Regierten.« Damit ist der paulinische Satz: »Wo aber Obrigkeit ist, die ist von Gott verordnet«, der bis dahin in der ganzen Christenheit, auch in den amerikanischen Kolonien, unwidersprochen gegolten hatte, auf den Kopf gestellt - oder, wenn man will, vom Kopf auf die Füße. Regierung, »Obrigkeit« kommt nicht mehr von oben und wird nicht als gottverordnet akzeptiert, sobald sie sich irgendwie gebildet hat. Sie muß von unten, aus dem Volke heraus, gebildet werden, und sie

muß die Zustimmung des Volkes finden, das heißt, sie muß gewählt werden: Nur dann ist sie legitim. Das ist das neue politische Evangelium der modernen Demokratie, das in Amerika 1776 erstmals verkündet und 1788 dann in prosaische politische Realität umgesetzt wurde. Eine ungeheure Herausforderung an die gesamte geschichtliche Erfahrung! Daß so etwas gelingen und funktionieren könnte, schien noch generationenlang außerhalb Amerikas fast unglaublich. Noch in den 1830er Jahren beschrieb einer der intelligentesten europäischen politischen Denker aller Zeiten, Tocqueville, die »Demokratie in Amerika« mit nie nachlassendem Staunen.

Das Staunen galt nicht der Tatsache, daß Menschen sich so etwas ausdenken konnten - Utopien hatte es immer gegeben -, sondern daß es, mehr oder minder erfolgreich, in einem Teil der Welt verwirklicht worden war, daß es funktionierte. Das aber verdankte es der anderen weltgeschichtlich neuen politischen Erfindung, die die Amerikaner gleichzeitig mit der Demokratie gemacht hatten, der Erfindung der Parteien - und zwar gerade solcher Parteien, wie es die amerikanischen von Anfang an waren; also sehr gleichartiger, schwer unterscheidbarer, keineswegs durch entgegengesetzte politische Philosophien voneinander geschiedener Parteien; und nur zweier von ihnen. Der Versuch, eine dritte Partei zu etablieren, ist in der amerikanischen Geschichte immer wieder gelegentlich gemacht worden und immer wieder gescheitert.

Man bedenke: Demokratie heißt ja nicht Abschaffung von Regierung, von »Obrigkeit«. Im Gegenteil, die amerikanische Unabhängigkeitserklärung sagt ausdrücklich: Damit die Menschen ihres Rechts auf Leben, Freiheit und Glücksstreben sicher sein können, muß es Regierungen unter Menschen geben. Auch demokratische Obrigkeit ist Obrigkeit, auch in der Demokratie müssen Regierung, Polizei, Militär, Justiz, Finanzamt bei den Bürgern Gehorsam finden - und, wo sie ihn nicht finden, notfalls erzwingen. Aber wo sollen Regierung, Polizei usw. herkommen? Und wie soll sichergestellt werden, daß sie wirklich auf der Zustimmung der Regierten beruhen? Die Antwort auf diese Fragen - dieselbe Antwort auf beide -, die die Gründer der amerikanischen Demokratie gegeben haben, ist eben die Erfindung der Parteien. Die amerikanische Revolution hatte ja, was Regierung und Verwaltung, »Obrigkeit«, betraf, zunächst tabula rasa gemacht. Es gab keinen König mehr, keine königliche Verwaltung, Justiz, Armee, Polizei. Das alles hatten vorher die Engländer gestellt, und die hatte man vertrieben. Der Ersatz dafür - Präsident, Kongreß, Gerichte, Verwaltungsbehörden - mußte irgendwie geschaffen werden. Aber wo sollte er herkommen? Er sollte vom Volke gewählt werden. Aber dazu mußte erst einmal etwas da sein, was zur Wahl stand: Menschen, die willig und vielleicht fähig waren, Regierungsfunktionen auszuüben, wenn sie in solche Ämter gewählt wurden, mußten irgendwie aus dem Volke herausgefiltert werden, sie mußten sich, örtlich und landesweit, als regierungswillig zu erkennen geben, und sie mußten bereit sein, sich zur Wahl zu stellen. Man brauchte, mit einem Wort, Pflanzschulen für Politiker oder angehende Politiker; und zwar Pflanzschulen im Plural, nicht nur eine einzige, denn sonst hätte ja das Volk keine Wahl gehabt; aber auch wieder nicht zu viele, denn das hätte Verwirrung gestiftet; am besten wohl zwei, denn keine Wahl ist eine so klare Wahl, wie die Wahl zwischen zwei und nur zwei Möglichkeiten, das So oder So. Mit einem Wort, man brauchte »Parteien«, und zwar zwei davon; private Wahlvereine, die zugleich Regierungsschulen waren; Einrichtungen, die mögliche Regierungen herausbildeten und zur Wahl stellten.

So etwas hatte es, wie gesagt, vorher nie gegeben, in der ganzen Weltgeschichte nicht. Daß es sich im Amerika des ausgehenden 18. Jahrhunderts herausbildete, und zwar spontan - es gab ja niemanden, der von oben anordnen konnte, Parteien zu organisieren, oder der auch nur genau erklären konnte, was das war -, ist eins der erstaunlichsten Ereignisse der Weltgeschichte. Es ist, wenn man heute zurückblickt, das Erfolgsgeheimnis der amerikanischen Demokratie. Es zeigt aber auch, wie ungeheuer stark die Notwendigkeit war, in einem Gemeinwesen, das alle herkömmlichen Obrigkeiten beseitigt hatte, neue Organe zu entwickeln - eben Parteien -, die auf der neuen, demokratischen Grundlage Obrigkeiten neuer Art bereitstellen konnten. Ohne Not hätten sich Parteien nicht gebildet.

Die amerikanische Verfassung, die immerhin, mit wenigen Zusätzen und Anbauten, seit mehr als 200 Jahren im Grundzug unverändert in Kraft ist und funktioniert, ist keineswegs die beste aller denkbaren demokratischen Verfassungen. Das ist das erste Modell einer vollkommen neuen Erfindung wohl nie. Der wohl schwerste Konstruktionsfehler des amerikanischen Modells ist das vollkommene Fehlen eines Verbindungsstücks zwischen Präsident und Kongreß, die sich wie ewige Gegner gegenüberstehen, obwohl sie doch aus denselben Parteien hervorgehen. Auch sind die amerikanischen Parteien nicht unbedingt ideale Parteien. Sie zeigen die menschlich-allzumenschlichen Schattenseiten allen Parteiwesens - Opportunismus, Intrigantentum, Strebertum, Korrruptionsanfälligkeit, »Filz« - vielleicht sogar in besonders hohem Maße. Sie bieten trotzdem das Grundmodell, dem, wie wir heute beobachten können, Parteien in allen Ländern, ob sie wollen oder nicht, sich in dem Maße annähern, in dem Demokratie in diesen Ländern zur Wirklichkeit wird. Wobei die Anmerkung erlaubt sei, daß die Demokratie selbst nicht unbedingt die beste aller denkbaren Staatsformen ist. Es hat aristokratische und monarchische Staaten gegeben, gerade in Europa, die bessere Politik gemacht und höhere Kulturleistungen hervorgebracht haben als die modernen Demokratien. Nur: sie sind nicht wiederherzustellen. Demokratie ist das Beste, was wir heute haben können. Und wenn wir das Beste aus ihr machen wollen, brauchen wir Parteien, die eher dem amerikanischen als dem hergebrachten europäischen Modell entsprechen.

Die europäischen Parteien haben nämlich alle

eine ganz andere Entstehungsgeschichte hinter sich als die amerikanischen, und das merkt man ihnen heute noch an. Sie fanden nirgends, wie in Amerika, eine leergefegte Regierungslandschaft vor und eine neugegründete Demokratie, die sich Parteien als demokratische Regierungsinstrumente schaffen mußte, um nur irgendwie funktionieren zu können. Mit wenigen Ausnahmen war Europa noch bis in den Anfang des 20. Jahrhunderts hinein ein Club von Monarchien. Fast überall regierte noch, mit der Tradition eines Jahrtausends hinter sich, ein Monarch mit seinen Beamten. Diese Beamten rekrutierten sich im wesentlichen aus dem Adel, allenfalls gelegentlich auch aus dem Klerus, jedenfalls aus den höheren Ständen. Parteien wurden für das Regierungsgeschäft nicht benötigt. Parteien bildeten sich, wie in England - und zwar ein bis zwei Jahrhunderte später als in England - zunächst nur als Parlamentsfraktionen; und zwar, wiederum wie in England, erst dann, als die Frage der Machtverteilung und Machtverschiebung zwischen Monarch und Parlament, Regierung und »Volksvertretung«, im 19. Jahrhundert akut zu werden begann. Über diese zweite Frage entzweiten sich die Parlamentarier; und ihr Zwist schlug sich in Parteienbildung nieder.

Parlamente - Ständevertretungen - sind eine alte europäische Einrichtung. Sie waren nicht zum Regieren da, sondern zur Einschränkung der Regierungsmacht: Steuern sollte der König oder Fürst nicht ohne Einwilligung der Besteuerten verhängen dürfen. Von daher hält sich bis heute das Gefühl, daß Parlament und Regierung irgendwie im Gegensatz zueinander stehen, daß das Parlament die Regierung »kontrollieren« soll, daß es sozusagen als Ganzes in Daueropposition zur Regierung steht. Dieses parlamentarische Gegengewicht gegen die Regierung war ursprünglich durchaus nicht demokratisch: »Stände« waren nur die höheren Stände, Adel, Klerus und städtisches Patriziat. Erst im späteren 19. und im 20. Jahrhundert, in Deutschland seit 1867/71, wurden die Parlamente - nur die Parlamente, keineswegs die Regierung - durch das allgemeine gleiche Wahlrecht »demokratisiert«. Das änderte nichts an der Gegenüberstellung von Regierung und Parlament - regieren tat immer noch der Kaiser und der von ihm ernannte Reichskanzler -; aber es hatte zur Folge, daß sich der Begriff »Demokratie« gefühlsmäßig mit dem Begriff »Opposition« verband. Da sich der Reichstag als Ganzes sozusagen in Daueropposition zur Regierung befand und da der Reichstag jetzt zugleich die

einzige »Volksvertretung« war, bildete sich die Vorstellung eines natürlichen Gegensatzes von Regierung und Volk heraus. Mehr Rechte für den Reichstag bedeuteten eine schwächere Regierung, und »Demokratie« bedeutete immer wachsames Mißtrauen gegen »die da oben«. Das ist auch heute noch keineswegs ganz ausgestorben, und dieses falsche Demokratieverständnis steht der wahren Demokratie, nämlich einer Regierung aus dem Volk, die vom Volk gewählt und notfalls auch wieder abgewählt wird, immer noch im Wege.
Aber zurück zur europäischen Parteiengeschichte, wobei wir uns, um nicht ins Uferlose zu geraten, auf Deutschland beschränken wollen. Die ersten Parteien in Deutschland bildeten sich im Zusammenhang mit der Revolution von 1848, und zwar bildeten sie sich, ganz ähnlich wie in England 150 Jahre zuvor, in den neugeschaffenen Parlamenten anläßlich des damals allbeherrschenden Streits über die Machtverteilung zwischen Monarch und Parlament. Die Liberalen wollten eine konstitutionelle Monarchie, mit mehr Macht für das Parlament; die Konservativen wollten so viel wie irgend möglich von der alten absoluten Monarchie erhalten. Liberale und Konservative waren in den fünfziger und sechziger Jahren des

vorigen Jahrhunderts die einzigen effektiven Parteien, und zwar waren es, wie die alten englischen Whigs und Tories, im wesentlichen Parlamentsfraktionen ohne landesweite Parteiorganisation; Wahlvereine und Honoratiorenparteien, die entgegengesetzte politische Weltanschauungen vertraten. Zugleich waren sie, fast unbewußt und in aller Unschuld, auch Klassenparteien; die Konservativen vertraten die Interessen des herrschgewohnten Adels, die Liberalen die des aufstrebenden Großbürgertums.
Im neuen Reich wurde dann, ohne daß die Parlamente mächtiger wurden, die Parteilandschaft bunter. Die Sozialdemokraten traten hinzu als Vertretung des nun ebenfalls aufbegehrenden »Vierten Standes«, der Industriearbeiterschaft, das Zentrum als Vertretung der im preußischen Reich unbefriedigten katholischen Interessen. Zugleich spalteten sich sowohl die Konservativen wie die Liberalen, je nachdem, ob sie Bismarcks Verfassungskompromiß akzeptierten oder ablehnten. Im Bismarckschen und wilhelminischen Reichstag gab es sechs Parteien, von rechts nach links: die Altkonservativen (in murrender reaktionärer Halbopposition), die Freikonservativen, die National-Liberalen (dies waren die beiden ei-

gentlichen Bismarckparteien), das katholische Zentrum, die Linksliberalen, die sich unter solchen Parteinamen wie »Freisinn« oder »Fortschritt« formierten, und schließlich die erst kleine, dann aber allmählich zur stärksten Fraktion heranwachsende SPD, die lange in radikaler Staatsablehnung verharrte; sie - und sie allein - wollte einen ganz anderen Staat, den sie selbst zu formen und zu führen beanspruchte.
Alle diese Parteien hatten dreierlei gemeinsam. Sie empfanden sich alle als Vertreter von Klassen- oder sonstigen Sonderinteressen; alle schmückten sich mit politischen Weltanschauungen, über die sich trefflich streiten ließ; und keine fühlte sich für die eigentliche Regierung, die Innen- und Außenpolitik des Reiches verantwortlich. Dafür gab es ja den Kaiser und den Reichskanzler, den der Kaiser ernannte und entließ. Das Äußerste, was die »linken« Oppositionsparteien erstrebten (und im letzten Augenblick des Kaiserreichs, im Oktober 1918, auch erreichten), war das Recht des Reichstages, den Reichskanzler durch ein Mißtrauensvotum zu stürzen. Ihn aus ihrer Mitte selbst zu stellen, fiel ihnen auch damals nicht im Traume ein.
Und dann war der Kaiser plötzlich weg, und niemand war da, für Regierung zu sorgen, als

die sechs Parteien, die auf eine solche Aufgabe weder gefaßt noch vorbereitet waren. Ihr - angesichts ihrer Vorgeschichte nicht überraschendes - Versagen vor dieser Aufgabe erklärt den schnellen Zusammenbruch der Weimarer Republik - und den Erfolg von zwei ganz neuen Parteien ganz anderen Zuschnitts bei der Wählerschaft.

Der tiefe Schock des Jahres 1918 wird im Rückblick leicht unterschätzt, weil er durch den noch tieferen des Jahres 1945 überdeckt ist. 1945 war natürlich die größere Katastrophe als 1918, physisch, psychologisch und national. Aber verfassungspolitisch war 1918 wahrscheinlich der tiefere Einschnitt. Verfassungspolitisch gesehen, endete 1945 nur ein unglückseliges Experiment, das zwölf Jahre gedauert hatte. 1918 endete eine (diesmal nun wirklich) tausendjährige Institution, die den Deutschen in Fleisch und Blut übergegangen war und ohne die sie sich ihren Staat noch lange Zeit gar nicht richtig vorstellen konnten: die Monarchie.

»Überhaupt aber ist die monarchische Regierungsform die dem Menschen natürliche«, schrieb Schopenhauer noch in der Mitte des 19. Jahrhunderts, und seine Begründung dieses Satzes liest sich auch heute noch einleuchtend.

Ganz gewiß war sie den Deutschen, die nie eine andere gekannt hatten, noch 1918, und noch lange nach 1918, die natürliche, und die lautlose und widerstandslose Selbstauslöschung der Monarchie in Deutschland - denn nicht nur der Kaiser, sondern auch alle Könige und Landesfürsten räumten ja im November 1918 ihren Platz mit einer eilfertigen Bereitwilligkeit, als ob sie nur darauf gewartet hätten - ist ein noch heute unerklärter Vorgang. Es ist eine verlockende Spekulation, ob die Dinge nicht glücklicher weitergegangen wären, und ob insbesondere Hitler den Deutschen nicht erspart geblieben wäre, wenn 1918 die Monarchie erhalten geblieben wäre - nicht unter Wilhelm II., der sich unmöglich gemacht hatte, aber unter einem Regenten, und, später, unter einem seiner Enkel. Es ist ja - dieser kurze Exkurs sei gestattet, wir sind gleich wieder bei der Sache - eine merkwürdige Beobachtung, daß die meisten europäischen Demokratien, die englische, die skandinavischen und die niederländische, zugleich immer noch Monarchien sind; neuerdings hat die Wiedereinführung der Monarchie in Spanien sogar den friedlichen Übergang von einer Diktatur zur Demokratie ermöglicht. Die gekrönte Demokratie hat für das europäische Staatsgefühl anscheinend immer noch mehr

Solidität und mehr Glaubwürdigkeit als die ungekrönte. Auch, und vielleicht gerade, wo der König mit der praktischen Politik und Regierungstätigkeit kaum mehr etwas zu schaffen hat, kommt es der von Parteien getragenen Demokratie zugute, daß es immer noch einen König, gewissermaßen als letzten Notanker, gibt. Freilich ist es auch eine verweichlichende - wenn man will korrumpierende - Verwöhnung für die Parteien: je mehr das Staatsbewußtsein sich noch am Monarchen orientiert, desto mehr können sich die Parteien Interessenzwist und lange Regierungskrisen leisten, und desto weniger brauchen sie selber Staatsparteien, Träger des Ganzen zu werden.
Das deutsche Staatsbewußtsein hatte sich bis 1918 ganz eindeutig am Monarchen orientiert. Nun war der Monarch weg, aber das Bewußtsein hatte sich dadurch nicht mit einem Schlag geändert. Daß die Parteien jetzt plötzlich eine ganz andere Rolle zu spielen hatten als vorher, daß es ihnen jetzt zukam zu regieren und nicht mehr nur, die Regierung zu kontrollieren und zu kritisieren, auf diesen Gedanken kam zunächst niemand; am wenigsten die Parteien selbst. Wir haben schon im ersten Kapital gesehen, daß die Weimarer Verfassung die Lücke, die das Verschwinden der Monarchie hinterlas-

sen hatte, auszufüllen suchte, indem sie den vom Volke gewählten Reichspräsidenten zu einer Art Wahlmonarchen machte; in Notzeiten sogar zu einem Wahldiktator. Außerdem gab es ja - anders als in Amerika nach 1783 - immer noch, unangetastet, den ganzen kaiserlichen Herrschaftsapparat, den Beamtenkörper, die Armee. Sollten die doch weiterregieren! Durch die ganzen vierzehn Jahre der Weimarer Republik zieht sich wie ein roter Faden ein ewiges Bestreben, die Regierung von Parlament und Parteien wieder zu trennen, »Fachminister« anstelle von Politikern in die Regierung zu holen - einmal, 1923, gab es sogar fast ein Jahr lang eine reine »Fachregierung«, die Regierung Cuno; und bald danach, im Winter 1923/24, eine legale, vom Reichspräsidenten Ebert unter dem Notstandsartikel ernannte Militärdiktatur unter dem General v. Seeckt. Auch die »Präsidialkabinette« Hindenburgs in den Jahren 1930/32 regierten losgelöst von Reichstag und Parteien. Das erste von ihnen, das Kabinett Brüning, wurde immerhin zwei Jahre lang vom Reichstag »toleriert« - dies war der offizielle Ausdruck, in dem sich die Abdankung der Parteien von der Regierungsverantwortung geradezu klassisch artikulierte: Der Reichstag trug und stützte die Regierung nicht, aber er stürzte sie auch nicht, er mißbilligte, aber er »tolerierte« sie; er wollte einfach mit dem Regieren nichts zu tun haben. Die »demokratischen« Parteien, die in Brünings Zeit noch eine knappe Mehrheit im Reichstag hatten, drückten sich vor der Regierungsverantwortung; sie fühlten sich eben nicht geschaffen dafür. Sie hatten es im Grunde schon vorher nicht getan. In den zwölf Jahren von 1919 bis 1930 hatte es elf Regierungswechsel gegeben, und nicht wenige der elf Regierungen waren Minderheitsregierungen gewesen; die Parteien drängten sich nicht zur Regierungsverantwortung und gingen gern schnell wieder in die »Erholungsopposition« (ein heute vergessenes, damals allgemein gebräuchliches Schlagwort des politischen Jargons). Denn in der Regierung, die immer eine Koalitionsregierung war (keine Partei war stark genug, allein zu regieren), mußten sie notgedrungen Kompromisse machen, mit denen sie ihre Stammwähler enttäuschten. In der Opposition konnten sie sich davon wieder »erholen«. Die Parteien der Weimarer Republik waren eben immer noch, weitgehend sogar noch mit demselben Personal, wenn auch teilweise mit veränderten Parteinamen, die alten Parteien des Kaiserreichs: dieselben Klassen- und Interessenvertretungen, »Weltanschauungsparteien«, auf Kritik und Opposition eingerichtet, nicht auf Regierung. Wenn sie regieren sollten, fühlten sie sich überfordert. In der konstitutionellen Monarchie waren Reichstag und Parteien sozusagen die Bremse im Auto gewesen. Nun sollte die Bremse plötzlich den Motor ersetzen, und das konnte sie natürlich nicht. Einer einzigen Partei wäre das vielleicht zuzutrauen gewesen: der SPD. Die SPD war ja im Kaiserreich lange Zeit etwas anderes gewesen als alle anderen Parteien: eine viel radikalere Opposition als die anderen, ein Staat im Staate, in ihrer Selbsteinschätzung gewissermaßen ein Gegen- und Zukunftsstaat, der sich im bestehenden Staat herausbildete wie das Embryo im Mutterleibe und seine revolutionäre Geburt heranwartete. Aber als die Revolution von 1918 dann erfolgte und die SPD für einen Augenblick an die Macht trug, zeigte sich, daß diese besondere Partei im Laufe der Zeit unvermerkt eben doch eine Partei geworden war wie alle anderen; eine Partei, die mit der Macht nichts anzufangen wußte, die Revolution ihrer eigenen Anhänger schleunigst unterdrückte und ungeschehen zu machen suchte und in die altvertraute parlamentarische Atmosphäre wohliger Unverbindlichkeit zurückstrebte. Die Brutalität, mit der die SPD im Winter und

Frühjahr 1918/19 ihre eigenen Anhänger von ihren eigenen schlimmsten Feinden zusammenschießen ließ, ist abstoßend; zugleich aber hat die demokratische Bescheidenheit, ja Selbstlosigkeit, mit der sie die soeben revolutionär gewonnene Macht sofort wieder zur Disposition einer freigewählten Nationalversammmlung stellte und ihre alten parlamentarischen Partner und Gegner zu freien Wahlen einlud, etwas Rührendes. Sie wollte keine Einparteienherrschaft und keinen Einparteienstaat, auch nicht in dem Augenblick, als sie ihn hätte haben können. Das ehrt sie. Aber sie war auch nicht, wie später in der Bundesrepublik Adenauers CDU, imstande, einen Mehrparteienstaat in den Griff zu bekommen und nach ihren eigenen Vorstellungen zu regieren. Mit ihrem Machtverzicht machte sie, zusammen mit allen anderen Weimarer Parteien, das Feld frei für zwei ganz andere, ganz neue Parteien, die durchaus einen Einparteienstaat und eine Einparteienherrschaft als ihr Ziel proklamierten - und mit diesem Macht- und Herrschaftswillen allmählich zusammen die Wählermehrheit hinter sich brachten.

Die Kommunisten und Nationalsozialisten, vor 1918 nicht vorhanden, danach anfangs ganz kleine, kaum beachtete Randparteien, waren

1930, die Kommunisten kontinuierlich, die Nationalsozialisten sprunghaft, zu Massenparteien geworden und hatten 1932, wie schon mehrfach erwähnt, zusammen die Mehrheit der deutschen Wähler hinter sich gebracht. Was ihnen diesen sensationellen Erfolg verschaffte, war genau dies: daß sie, anders als andere Parteien, regieren wollten und zu regieren versprachen. Die Deutschen waren der ewig wechselnden Regierungen und der regierungsscheuen Parteien müde - verzweifelt müde in einer Zeit schwerster Wirtschaftskrise und würgender Massenarbeitslosigkeit, gegen die die existierenden Regierungen nichts Wirksames unternahmen. Man kann das den Deutschen der frühen dreißiger Jahre eigentlich nicht einmal übelnehmen. Natürlich hätten sie sehen sollen, daß sie, wenn sie kommunistisch oder nationalsozialistisch wählten, sich für die Zukunft ihres Wahlrechts beraubten, daß sie sozusagen eine Tür hinter sich ins Schloß fallen ließen: Jede dieser beiden Parteien sagte ja ganz offen, daß sie, einmal an die Macht gekommen, keine andere Partei mehr neben sich dulden würde. Aber solche Zukunftserwägungen verlieren in einer Verzweiflungsstimmung, wie sie 1932 herrschte, an Gewicht. »Erst einmal überhaupt wieder eine Regierung, die regiert und Arbeit und Brot schafft! Was später wird, werden wir später sehen.« Das war 1932 die Stimmung. Keine der alten »demokratischen« Parteien versprach, eine solche Regierung zu stellen. Die Nazis und die Kommunisten versprachen es, beide (und die Nazis haben ja dieses Versprechen auch gehalten; die Kommunisten hätten es wahrscheinlich, auf ihre Art, ebenfalls gehalten). Die Kommunisten hatten auf dem Höhepunkt ihres Erfolges, 1932, 6 Millionen Wähler und 100 Abgeordnete; die Nationalsozialisten 13 Millionen und 230 Abgeordnete. Zusammen war das die Wählermehrheit und die Reichstagsmehrheit.

Nun hielten sich ja Kommunisten und Nazis eine Weile gegenseitig in Schach; zusammen regieren konnten sie schwerlich, und allein hatte keine der beiden Parteien eine parlamentarische Mehrheit. Die verbleibenden »demokratischen« Parteien - SPD, Zentrum und Deutschnationale - waren zwar zusammenaddiert nunmehr etwas schwächer als Kommunisten und Nazis zusammenaddiert, aber immer noch stärker als jede einzelne der beiden neuen Parteien. Wenn sie ein Notbündnis zur Verteidigung der Demokratie geschlossen hätten (wie es Thomas Mann schon im Herbst 1930 vorgeschlagen hatte) wären sie nicht ganz ohne Chance gewesen, den Sturm von rechts und links abzuwettern und in künftigen Wahlen doch wieder die Mehrheit zu gewinnen. Aber daran dachten sie keinen Augenblick - keine von ihnen. Die einzige Gruppe, die aus der Feindschaft zwischen den beiden neuen totalitären Massenparteien Vorteil zu schlagen versuchte, waren nicht die verbliebenen »Weimarer« Parteien, sondern die außerparlamentarischen Ultrakonservativen um den Reichskanzler v. Papen, die ein paar Monate lang ernsthaft mit dem Gedanken spielten, *alle* Parteien auszuschalten, eine Militärdiktatur zu errichten und ohne Wahlen und Reichstag zu regieren, wie in einer absoluten Monarchie, nur ohne Monarchen, Nun, das war aussichtslos. Die verbleibenden »demokratischen« Parteien aber waren im Angesicht ihrer offen angedrohten Abschaffung unter sich so koalitionsunwillig und daher regierungsunfähig wie eh und je. Eher als sich zur Verteidigung der Demokratie zusammenzufinden, liebäugelten sie getrennt mit den Feinden der Demokratie: die Sozialdemokraten mit den Kommunisten, die beiden »bürgerlichen« Parteien mit den Nazis. Die Sozialdemokraten erfolglos; alle Rufe nach einer proletarischen »Einheitsfront« scheiterten am eisernen Nein der Kommunisten, für die die Sozialdemokraten - die

»Sozialfaschisten«, wie sie sie nannten - damals der Hauptfeind waren. Zentrum und Deutschnationale aber wetteiferten im Herbst und Winter 1932/33 um eine Koalition mit den Nazis. Die Deutschnationalen gewannen diesen unwürdigen Wettlauf schließlich. Nicht daß es ihnen lange geholfen hätte. Im Juli 1933 verfielen sie mit allen anderen Parteien dem Parteienverbot. Fortan gab es nur noch eine einzige Partei, die NSDAP, und dabei blieb es bis 1945.

Die deutsche Staats- und Parteienkrise der Jahre 1930/33 ist immer noch lehrreich. Lehrreich besonders deswegen, weil sie, am Beispiel der Sozialdemokraten, des Zentrums und der Deutschnationalen einerseits, der Kommunisten und Nationalsozialisten andererseits überaus deutlich zeigt, was Parteien *nicht* sein dürfen, wenn eine Demokratie funktionieren soll. Demokratie heißt Volksherrschaft, Volksregierung. In modernen Flächen- und Massenstaaten kann das Volk sich nur regieren, indem es Parteien bildet. Die Millionenbevölkerung eines weiträumigen Landes kann sich nicht, wie die Bürgerschaft des alten Athen, auf dem Marktplatz versammeln, um verschiedenen Rednern zuzuhören und dann abzustimmen. Sie muß, aus sich heraus, politische Körperschaften her-

vorbringen, die sich um die Regierungsvollmacht bewerben und sich zur Wahl stellen. Diese Körperschaften nennt man Parteien. In einer Demokratie müssen sie zweierlei leisten: Sie müssen regierungswillig und -fähig sein; und sie müssen bereit sein, das Volk periodisch immer wieder darüber entscheiden zu lassen, welche von ihnen regieren soll.
Von den beiden Parteigruppen, die es im Deutschland der sterbenden Weimarer Republik gab, den übriggebliebenen Weimarer Parteien einerseits und den neuen Totalitären andererseits, erfüllte keine diese beiden Grundbedingungen, ohne die eine Demokratie funktionsunfähig wird. Jede erfüllte nur eine. Die drei »demokratischen« Parteien waren zwar bereit, sich jederzeit zur Wahl zu stellen; aber sie wollten oder konnten nicht regieren. Die beiden »totalitären« Parteien waren mehr als regierungswillig, sie drängten mit allen Fasern an die Macht; aber sie wollten, jede von ihnen und erklärtermaßen, keine andere Partei neben sich dulden und, einmal an der Macht, dem Volk keine Möglichkeit mehr bieten, jemals eine andere Regierung zu wählen. Der deutsche Wähler der frühen dreißiger Jahre hatte also nur die Wahl zwischen zwei Übeln. Die »demokratischen« Parteien, allesamt Produkte der konsti-

tutionellen Monarchie und des Bismarckschen Reichstages, hatten nie regieren gelernt, sondern immer nur opponieren. Sie waren besten Glaubens, wenn sie ihre demokratische Pflicht damit erfüllt sahen, daß sie Regierungen kontrollierten und Sonderinteressen gegen die jeweilige Regierung zur Geltung brachten. Gegenüber dieser veralteten Demokratieauffassung waren Kommunisten und Nationalsozialisten sogar insofern modernere Demokraten, als sie begriffen und proklamierten, daß auch in der Demokratie regiert werden muß und daß eine demokratische Partei vor allem einmal dazu da ist, dem Volke eine Regierung zu bieten. Sie waren auch beide insofern demokratisch, als sich ihre Regierungsmannschaften durchaus aus dem Volke rekrutierten, keineswegs aus einer abgeschlossenen Aristokratie oder sonstigen Oberschicht. Nur erschöpft sich die Demokratie eben nicht darin, daß die Regierung aus dem Volke hervorgeht: Sie muß außerdem vom Volke gewählt sein; und das ist nur möglich, wenn das Volk eine Wahl hat, eine Wahl zwischen mehreren Parteien, die ihm jeweils eine Regierung anbieten. Ein Einparteienstaat ist keine Demokratie; und eine Partei, die ihn schafft, schafft die Demokratie ab. Das liegt eigentlich so auf der flachen Hand wie der Satz, daß zwei mal zwei vier ist. Aber wir tun gut, trotzdem noch etwas bei dem Thema zu verweilen, denn es gibt ja auch heute noch mächtige Staaten und Parteien, die durchaus nicht wahrhaben wollen, daß das Herrschaftsmonopol einer einzigen Partei mit Demokratie unvereinbar ist, ja, die im Einparteienstaat immer noch eine »höhere Form der Demokratie« sehen, was immer das heißen mag. Die Deutsche Demokratische Republik, ein klassischer Einparteienstaat, führt das Wort »demokratisch« in ihrem Staatsnamen, und mehrere andere Einparteienstaaten nennen sich sogar »Volksdemokratien« - also, da demos das griechische Wort für Volk ist, »Volksvolksherrschaften«, gewissermaßen doppelte Demokratien. Sie sind trotzdem nur halbe.

Es ist eben nur die Hälfte der Demokratie, daß die Parteien, die die Regierung stellen, sich aus der Masse des Volkes rekrutieren - vielleicht sogar, wie die meisten kommunistischen Parteien, vorwiegend aus seinen unteren Klassen -, daß also jeder Bürger sozusagen den Marschallstab im Tornister trägt. Gewiß gehört auch das zur Demokratie. Aber ebenso wichtig für die Demokratie, vielleicht noch wichtiger, ist, daß die so aus dem Volk herausgefilterten Regierungen und Regierungsträger sich immer wieder der »Zustimmung der Regierten« versichern müssen, und das können sie nur dadurch, daß sie sich untereinander periodisch zur Wahl stellen. »Wahlen«, bei denen nichts zur Wahl steht, bei denen selbst Wahlenthaltung ein nicht ungefährlicher Oppositionsakt ist und übrigens nichts ändern kann, sind kein demokratischer Akt, sondern eine Verhöhnung der Demokratie. Denn Demokratie besteht eben darin, daß das Volk darüber entscheidet, von welcher Partei es regiert sein will; und das kann es nicht, wenn die regierende Partei ihm keine Wahl läßt, indem sie von vornherein keine konkurrierende Partei duldet, die sich zur Wahl anbieten könnte. Das Volk in seiner Gesamtheit ist im Einparteienstaat automatisch ein für allemal von der Herrschaft ausgeschaltet; es kann die regierende Partei nicht mit der Drohung beeinflussen, bei gewissen allzu offensichtlich verfehlten oder unpopulären Regierungsmaßnahmen zur Konkurrenz überzugehen. Der Einparteienstaat ist keine »höhere Form von Demokratie«, er ist überhaupt keine Form von Demokratie, sondern ihr Gegenteil. Was man ihm allenfalls zugestehen kann, ist, daß er eine höhere Form von Obrigkeitsstaat ist; höher insofern, als die neue Obrigkeit des Einparteienstaates breiter rekrutiert, stärker ausgesiebt und härter getestet ist als die alte des monarchischen Ständestaats. Die »neuen Zaren« Lenin, Stalin, Chruschtschow und Breschnew sind zweifellos fähigere und kräftigere Herrscher gewesen als die Alexander und Nikolais der auslaufenden Romanowdynastie. Sie sind eben durch eine härtere Schule gegangen. Aber mit Demokratie hat das nichts zu tun.

Nun kann man die Frage natürlich auch so stellen - und viele deutsche Wähler der Jahre zwischen 1930 und 1933 stellten sie wohl so -: Warum denn überhaupt Demokratie? Schließlich haben wir tausend Jahre lang unter dem Obrigkeitsstaat ganz leidlich gelebt. Die einzige Demokratie, die wir kennen, die Meckerdemokratie eines von vielen Parteien bevölkerten Parlaments, hat sich nicht bewährt. Warum also nicht einfach eine modernere, breiter angelegte neue Obrigkeit, die wir ein für allemal wählen und dann nicht mehr belästigen? (»Das wäre doch einmal etwas, wenn alle Deutschen dieselbe Partei wählten«).

Die einfachste Antwort hat den Deutschen ihre Geschichte gegeben. Die neue Obrigkeit, die sie sich 1933 gaben, hat ihnen einen Tanz aufgespielt, bei dem ihnen schließlich Hören und Sehen verging. Und die kommunistische Variante, worin immer sie sich von der nationalsozialistischen unterscheidet, hat jedenfalls dies mit ihr gemeinsam, daß auch eine kommunistische Regierung, einmal an der Macht, unkontrollierbar wird und nicht mehr loszuwerden ist; Ostdeutsche, Ungarn, Polen und Tschechen wissen ein Lied davon zu singen. Aber jede Art von unkontrollierbarer, unabwählbarer Regierung ist den Deutschen seit Hitler unheimlich geworden; mit Recht. Man weiß nie, was sie sich eines Tages einfallen lassen kann. Auch Hitler schien ja zuerst ein paar Jahre lang seine Sache ganz gut zu machen. Und auch Stalin - im Endresultat ein erfolgreicherer Herrscher als Hitler - hat eine Menge grausamer Verbrechen begangen; und übrigens sein Volk zwar nicht in die Katastrophe, aber ein paarmal sehr dicht an ihr vorbeigeführt.

Wir wollen uns aber die Sache nicht zu leicht machen, sondern die Argumente, die sich für den Einparteienstaat anführen lassen - und die die ehemaligen Nazis ebenso für ihre damalige Haltung anführen können wie die heutigen Kommunisten für ihre gegenwärtige - ernsthaft prüfen. Es sind drei.

Das erste lautet: Ein Einparteienstaat ist stärker - kann sich jedenfalls leichter stark machen - als ein Zwei- oder Mehrparteienstaat. Er braucht keine (oder jedenfalls weniger) Rücksicht auf interne Volkswünsche oder Gruppeninteressen zu nehmen. Er kann ständig Schwerindustrie und Rüstung gegenüber Konsumindustrie und Lebensstandard bevorzugen. Er kann seine Staatsgeheimnisse besser wahren. Er braucht seine Außenpolitik nicht, vor den Ohren seiner internationalen Partner und Gegner, ständiger öffentlicher Kritik auszusetzen. Und er kann nationale Einigkeit herstellen oder jedenfalls Uneinigkeit nicht in Erscheinung treten lassen. Das ist alles mehr oder weniger zutreffend. Es ist übrigens bis in die Einzelheiten dasselbe Argument, das die Verteidiger des alten Obrigkeitsstaates im neunzehnten und frühen zwanzigsten Jahrhundert gegen die heraufkommende Demokratie vorbrachten - womit es noch nicht ohne weiteres entkräftet ist; immerhin ist aber zu bedenken, daß es das Heraufkommen der Demokratie auf die Dauer nicht aufgehalten hat. Wir wollen auch nicht zu viel aus dem Gegenargument machen, daß die meisten Dinge, die den Staat stärker machen, das Leben in diesem Staate entsprechend härter und unangenehmer machen. Wie das Staatsinteresse und die Interessen des einzelnen Bürgers am besten ausbalanciert werden, das ist ein weites Feld; und es gehört sicher zu den Schwächen der Demokratie, daß in ihr das Staatsinteresse in Frie-

denszeiten wirklich manchmal zu kurz kommt.
Schwerer wiegt folgendes: Alle diese Stärken des Einparteienstaates sind, im letzten Grunde, kriegerische Stärken. Im Frieden wirken sie sich eher als Nachteile aus. Krieg aber ist im Atomzeitalter bekanntlich vergiftet, mindestens für die Staaten, die entweder selbst Atommächte oder mit Atommächten verbündet sind, also mindestens für Amerika, die Sowjetunion und ganz Europa, selbstverständlich auch für die beiden deutschen Staaten. Sich aber für etwas stark zu machen, das man mit großer Wahrscheinlichkeit in keinem Fall überleben kann, und dafür Wohlstand und Freiheit und viele andere Annehmlichkeiten zu opfern, ist ein bedenkliches Unterfangen. Wozu noch folgendes kommt: Im konventionellen, nichtatomaren Krieg - und nur einen solchen könnten Staaten heute noch zu überleben hoffen - haben sich im allgemeinen die Demokratien als ausdauernder erwiesen denn die Obrigkeitsstaaten alten oder neuen Stils. Sie haben mehr innere Reserven. Ein Staat, der immer im halben Kriegszustand lebt - und daß er sich dies leisten kann, ist ja gerade die Stärke, die sich der Einparteienstaat zugutehält -, verbraucht die Seelenkräfte seines Volkes schon im Frieden.

Zweites Argument für den Einparteienstaat (und wiederum eins, das man früher genauso für den alten Obrigkeitsstaat ins Feld geführt hat): Er garantiert mehr innere und äußere Kontinuität. Regierungen wechseln nicht so häufig wie in Zwei- oder Mehrparteienstaaten, und *wenn* sie wechseln, dann wird die neue Regierungsmannschaft doch immer noch von derselben Partei getragen. Das verhindert die plötzlichen Umschwünge der Politik, deren man in Demokratien bei einem Regierungswechsel gewärtig sein muß und die sich zum Beispiel Amerika nach 1945 mehrfach geleistet hat. Der Bürger weiß ein für allemal, woran er ist, und der Verbündete in Not kann sich auf seinen Partner verlassen.

Daran ist soviel richtig, daß sowohl Nazideutschland wie die Sowjetunion im allgemeinen treuere Beschützer schwacher Verbündeter gewesen sind als etwa Amerika. Hitlers Verhalten zu dem gestürzten Mussolini, und Chruschtschows und Brechnews zu ihren notleidenden Klienten in Ungarn, der Tschechoslowakei und Afghanistan, stechen vorteilhaft ab gegenüber Amerikas zu Tschiang Kaischek in China, Diem und Thieu in Vietnam oder zum Schah von Persien. Im übrigen aber ist es mit der größeren Kontinuität der inneren und äußeren Politik der Einparteienstaaten nicht weit her. Im Gegenteil, so totale Kehrtwendungen wie Stalins Pakt mit Hitler in der Außenpolitik oder Chinas Umbruch nach dem Tode Maos in der Innenpolitik sucht man in demokratischen Staaten vergebens. Und das hat seinen Grund. In Demokratien sind politische Alternativen ein Gegenstand ständiger öffentlicher Diskussion, und eine mögliche Schwenkung oder Kurskorrektur kündigt sich meist lange vorher an. Im Einparteienstaat findet Diskussion nur im Schoße der Partei statt, unter Ausschluß der Öffentlichkeit, und der Übergang von einer Politik zur andern ist immer plötzlich - und oft blutig. Gerade daß die Partei immer recht haben muß, auch wenn sie das Gegenteil von dem sagt und tut, was sie gestern gesagt und getan hat, macht ihren Kurs so unberechenbar - und jeden Kurswechsel zu einer Lebensgefahr für diejenigen, die ihn vergeblich versuchen oder ihm vergeblich widerstreben. Die Politik von Demokratien bewegt sich in Kurven; die von Einparteienstaaten in Zacken. Das ist kein Vorteil.

Das dritte Argument für den Einparteienstaat ist das subtilste. Es lautet so:

Politisches Talent ist, wie jedes andere Talent, überall dünn gesät. Männer und Frauen, die das

Zeug zur Nummer Eins eines großen Staatswesens haben, sind Glücksfälle; manchmal gibt es sie überhaupt nicht. Auch wirklich qualifizierte Ministertalente zählen höchstens nach Dutzenden, erstklassige Parlamentarier höchstens nach Hunderten. Ist es da nicht eine Verschwendung der politischen Begabungen eines Landes, sie in mehreren Parteien aufzusplittern, wo sie sich gegenseitig bekämpfen und behindern und oft die besten Jahre ihres politischen Lebens in fruchtloser Opposition verbringen müssen? Ist ein Land nicht besser bedient, wenn es alles, was es an politischer Begabung hervorbringt, in einer Partei bündelt, wo es - bei aller individuellen Konkurrenz, die ja auch innerhalb jeder Partei stattfindet - doch letzten Endes am gleichen Strang zieht und zusammenwirkt, statt sich gegenseitig lahmzulegen?

Man muß zugeben, das klingt bei erstem Anhören plausibel. Und es fallen einem auch leicht geschichtliche Beispiele dafür ein, daß die Parteien einer Demokratie durch allzu hektisches, unversöhnliches Gegeneinander ihr Land geschädigt und heruntergebracht haben - das Frankreich der Dritten Republik, die ausgehende Weimarer Republik, die erste österreichische Republik. Die Demokratie, mit ihren zwei oder mehr Parteien, ist kein politisches Rezept mit Erfolgsgarantie. Das ist der Einparteienstaat aber noch weniger - wie die Deutschen zu ihrem Schaden erfahren haben. Und wenn man seine eingebauten Gefahren und Nachteile mit denen des Zwei- oder Mehrparteienstaates vergleicht, dann stellen sie sich doch als die noch schwereren heraus.

Gewiß, der Einparteienstaat versammelt alles politische Talent eines Landes in ein und derselben Partei. Aber damit setzt ein solches Land auch alles auf eine Karte - oder, um es mit dem noch ausdrucksvolleren englischen Sprichwort zu sagen, es tut alle Eier in denselben Korb. Wehe, wenn der Korb herunterfällt! Wehe, wenn sich in einem Einparteienstaat herausstellt, daß die eine, immer und ewig regierende Partei sich in einem entscheidenden Punkt verrechnet hat und daß ein katastrophaler Fehler gemacht worden ist! Dann gibt es keine andere Partei, die sie ablösen, den Fehler korrigieren und ohne Gesichtsverlust das Steuer herumwerfen kann. Falsche Weichenstellungen sind in einem Einparteienstaat kaum zu korrigieren. Man braucht, um das einzusehen, gar nicht immer nur auf das furchtbar warnende Beispiel Hitlerdeutschlands im zweiten Weltkrieg zurückzugreifen. Stalins falsche

Landwirtschaftspolitik von 1930 wirkt sich noch heute, fünfzig Jahre danach, so aus, daß Rußland, einst die Kornkammer Europas, sich nicht mehr selbst ernähren kann.
Und stimmt es denn, daß der Einparteienstaat keine politischen Talente verschwendet? Richtungskämpfe und persönliche Konkurrenzkämpfe gibt es auch in der einen Partei, die den Einparteienstaat regiert, und sie sind merkwürdigerweise viel bitterer und gnadenloser als die Kämpfe demokratischer Parteien und die persönlichen Konkurrenzkämpfe, die natürlich auch in solchen Parteien ausgetragen werden. Öffentlichkeit und das wachsame Auge der Konkurrenzparteien wirken im demokratischen Parteienbetrieb dämpfend auf den innerparteilichen Positionskampf. Solch ein Dämpfer fehlt im Einparteienstaat - und die Folge sind politische und menschliche Tragödien wie das Schicksal Trotzkis und seiner Anhänger und später der Leninschen »alten Garde« unter Stalin, Berias und seiner Gruppe unter Chruschtschow oder der »Viererbande« im heutigen China; man kann auch das Schicksal Röhms und der Seinen im nationalsozialistischen Deutschland als Beispiel dafür anführen, daß im Einparteienstaat politisches Talent genauso verschwendet wird wie in der Demokratie.

Nein, die Demokratie ist nicht nur die zivilisiertere und komfortablere Staatsform als der Einparteienstaat, sie ist auch die solidere und stabilere - unter einer Voraussetzung: daß ihre Parteien genauso regierungswillig und regierungsfähig sind, daß sie sich ebenso als Staatsträger, als Staatsparteien fühlen und verhalten wie die eine Partei des Einparteienstaats. Und das können sie nicht, wenn es zu viele von ihnen gibt. Schon ein halbes Dutzend, wie im Kaiserreich und in der Weimarer Republik, sind für die Demokratie zuviel. Parteien, die mit vier oder fünf anderen im Konkurrenzkampf liegen, können nie hoffen, auch nur für eine Legislaturperiode allein zu regieren. Sie werden sich und ihre Mitglieder nie zur Regierung erziehen, sondern immer nur zur Vertretung von Sonderinteressen, und sie werden sich in der Unverbindlichkeit von Opposition oder rasch aufkündbarer, schnell wechselnder Koalition immer wohler fühlen als in der Regierungsverantwortung. Was die Demokratie aber braucht, das sind Parteien, die dem Volk eine Regierung stellen, und zur Wahl stellen. Dazu sind Parteien in der Demokratie da; und nicht dazu, dem Volk eine Auswahl von politischen Bekenntnisgruppen zu bieten, von denen keine regieren kann. Das kann man sich nur in einem Staat leisten, in

dem die Regierung irgendwoanders herkommt als vom Volke.
Das heißt aber, zu Ende gedacht, daß die richtige Zahl von Parteien in einer funktionsfähigen Demokratie zwei ist, und nicht mehr; was darüber ist, das ist vom Übel. Noch anders, und vielleicht etwas überspitzt, ließe sich sagen, daß es im nachmonarchistischen Zeitalter nur noch zwei funktionierende Staatsformen gibt: den Einparteienstaat und den Zweiparteienstaat; wie sie ja auch am reinsten in den beiden heute mächtigsten Staaten, der Sowjetunion und den Vereinigten Staaten von Amerika, verkörpert sind.
Der Zweiparteienstaat ist dem Einparteienstaat vorzuziehen, nicht nur weil es sich in ihm freier und angenehmer lebt, sondern auch weil er als Staat besser ausbalanciert ist: Er bietet eine ständige Alternativ- und Reserveregierung und eine ständige Korrekturmöglichkeit für politische Fehler. Der Einparteienstaat bietet das nicht, er »tut alle Eier in denselben Korb«, und außerdem herrscht in ihm eine gezwungene und unfreie, bleierne politische Atmosphäre. Aber auch der Einparteienstaat funktioniert immerhin, solange er eine Katastrophe vermeidet. Der Vielparteienstaat dagegen funktioniert ohne Monarchie überhaupt nicht, weil seine

Parteien nicht aufs Regieren eingestellt sind. Sie sind nur darauf eingerichtet, eine vorgegebene Regierungsgewalt einzuschränken und zu kontrollieren; wo es eine solche vorgegebene, monarchische, Regierungsgewalt nicht mehr gibt, reicht das nicht aus. Eine Demokratie, die funktionsfähig bleiben will, muß daher eine drohende Parteienzersplitterung ebenso peinlich meiden wie die drohende Dauerregierung einer Partei. Beide sind gleich große Übel: die Scylla und die Charybdis, zwischen denen das demokratische Staatsschiff hindurchsteuern muß, wenn es nicht Schiffbruch leiden soll. Übrigens fehlt es auch im Zweiparteienstaat nicht an kontrollierender Einschränkung der Regierungsmacht: Sie wird, manchmal in überreichlichem Maße, von der jeweiligen Oppositionspartei besorgt, die ja ständig darauf aus ist, die regierende Partei bei der nächsten Wahl zu verdrängen und zu ersetzen, und zu diesem Zweck jeden wirklichen oder vermeintlichen Fehler der Regierung eifrig vermerkt und öffentlich ankreidet, ebenso jede unpopuläre Maßnahme. Richtig ist, daß das Parlament als solches im Zweiparteiensystem diese Funktion nicht mehr ausübt. Es stehen sich eben nicht mehr, wie in der Monarchie, Regierung und Parlament gegenüber, sondern Regierungspartei und Oppositionspartei *im* Parlament. Nur die Opposition kritisiert; die parlamentarische Regierungsfraktion im Parlament verteidigt die Regierung ziemlich automatisch. Es ist aber nicht einzusehen, daß durch diese andere Rollenverteilung irgendetwas an notwendiger Kritik verloren geht. Kritisiert wird in der Bundesrepublik eher zu viel als zu wenig.

Wobei wir stillschweigend voraussetzen, daß die Bundesrepublik bereits nach den Regeln eines Zweiparteienstaats funktioniert, und zu einem hohen Grade tut sie das; dem verdankt sie ihre demokratische Stabilität. Sie ist aber natürlich nicht, oder noch nicht, ein vollkommener Zweiparteienstaat. Sie war lange Zeit auf dem Wege dazu und man kann sagen, sie ist es immer noch. Sie hat sich eben auf diesem Wege viel Zeit gelassen und ist immer noch nicht ganz am Ziel. In den letzten Jahren hat sie sogar ein paarmal zu Rückschritten angesetzt; sie allerdings, bisher, dann doch nie wirklich vollzogen.

Wir haben im ersten Kapitel gesehen, wie die anfängliche Parteienvielfalt der Bundesrepublik immer mehr zusammengeschrumpft ist, und wir haben das derzeitige Parteiensystem ein Zweiparteigruppensystem genannt. Immerhin spielen in den beiden Gruppen zwei

Parteien eine überragende Rolle; und man kann mindestens soviel sagen, daß ohne eine von ihnen - also ohne SPD oder CDU - keine Regierung in der Bundesrepublik gebildet werden kann. Auch das kann man sagen, daß diese beiden großen Parteien, anders als die Weimarer Parteien, die sie fortsetzen oder aus denen sie hervorgegangen sind, durchaus regierungswillig und regierungsfähig sind. Sie streben mit aller Macht ins Regierungsamt, jede von ihnen, und sie lassen sich sehr ungern in die Opposition verweisen.

Der Schönheitsfehler des Systems ist, daß die SPD zum Regieren mindestens einen, und die CDU, streng genommen, sogar zwei kleinere Partner braucht: Denn selbst zusammen mit der CSU, die sich ja ebenfalls als selbständige, wenn auch normalerweise mit der CDU unzertrennlich verbundene Partei gibt, hat die CDU bisher nur einmal in einer Bundestagswahl eine knappe absolute Mehrheit gewonnen; der SPD ist das bisher noch nie gelungen. Sie braucht zur Regierungsmehrheit das Bündnis mit der FDP, der kleinsten der parlamentarisch mitzählenden Parteien. Die FDP ist außerdem ein wenig systemfremd. Sie ist die einzige überlebende Partei alten Stils, also der Parteien, die sich nicht als prospektive Regierungsträger,

sondern als Klassen- und Weltanschauungsvertreter verstehen. SPD und CDU sind längst »Volksparteien« geworden. Die FDP ist immer noch die Fortsetzung der einstigen Liberalen, also eine Partei der Intelligentsia und des industriellen Mittelstandes, die ihre Hauptaufgabe darin sieht, die Staatsgewalt in Schranken zu halten. Die Anomalie des gegenwärtigen Parteiensystems ist, daß diese kleinste Partei, als Zünglein an der Waage, darüber entscheidet, wer in der Bundesrepublik regiert, die SPD oder die CDU/CSU.
Das hört sich allerdings schlimmer an, als es ist: Denn wie sich die Dinge in den letzten zehn Jahren entwickelt haben, kann die FDP ohne Lebensgefahr aus dem Bündnis mit der SPD nicht mehr heraus. Ihre Macht, den Koalitionspartner zu wechseln, gleicht dem Stich der Biene - schmerzhaft für den Gestochenen, aber tödlich für die Stecherin. Da andererseits ein Koalitionswechsel der FDP die SPD für mindestens vier Jahre aus der Regierung verbannen würde, hat auch die SPD allen Grund, ihren kleinen Partner pfleglich zu behandeln. Dieser doppelte Kitt hält die SPD/FDP-Koalition nun schon seit über zehn Jahren so fest zusammen, daß die beiden ungleichen Parteien fast so unzertrennlich geworden sind wie die CDU und

CSU, die man ja, angesichts ihrer nun schon über dreißig Jahre alten Fraktionsgemeinschaft im Bundestag, fast wie eine und dieselbe Partei zu betrachten gewohnt war: Für den Außenstehenden war CSU lange Zeit einfach der etwas andersklingende Name für die CDU in Bayern. Das hat sich freilich in den letzten Jahren geändert - nicht zum Besseren.

Die CSU hat aufgetrumpft. Einen Augenblick war sie bekanntlich im Begriff, sich als Konkurrenzpartei, rechts von der CDU, bundesweit auszudehnen und einen Bruderkampf zu entfachen; auch wenn das - vielleicht - nur taktisch gemeint war, drohte es, das ganze Parteiensystem der Bundesrepublik aus den Fugen zu heben. Nun, diese Gefahr ist, einstweilen jedenfalls, abgewendet worden; freilich nur um den Preis, daß die kleinere Partei, nicht die größere, jetzt den gemeinsamen Kanzlerkandidaten stellt, daß also gewissermaßen der Schwanz mit dem Hund wedelt. Was für eine Anomalie das darstellt, wird einem klar, wenn man sich vorstellt, daß die FDP, unter Drohung mit Koalitionsbruch, die SPD dazu zwänge, Genscher statt Schmidt zum gemeinsamen Kanzlerkandidaten zu erheben. Daß daran noch niemand in der FDP zu denken gewagt hat, zeigt, daß paradoxerweise die SPD/FDP-Koalition heute fe-

ster zusammenhält als die CDU/CSU-Verbindung.
Auch die beiden großen Parteien tragen die Eierschalen ihrer Vergangenheit oder ihrer Herkunft noch störend an sich, und zwar - erstaunlicherweise, wenn man ihre traditionelle Parteidisziplin bedenkt - die SPD noch mehr als die CDU. Die SPD, als Partei, steht deutlich ein wenig links von der Regierung, die sie stellt; SPD-Parteitage sind nicht, wie CDU- und nun gar CSU-Parteitage, Herzstärkungen für die Parteiführung und die von der Partei gestellte Regierung, sondern gefährliche Klippen, die jede SPD-Regierung irgendwie umschiffen muß. Weniger als die CDU, die sich, von Adenauers Zeiten her, immer noch als die eigentliche Regierungspartei der Bundesrepublik fühlt, ist die SPD, als Partei, in die Rolle einer Regierungspartei vollständig hineingewachsen. Die fast 100 Jahre, die sie in ihrer 111 Jahre alten Parteigeschichte in der Opposition - manchmal in der Verfehmung und Verfolgung - verbracht hat, hat sie in den zehn Jahren Regierungspraxis noch nicht vollständig überwunden. Opposition liegt ihr noch im Blut - und sei es Opposition gegen die eigene Regierung. Klagen über ein »Theoriedefizit« oder über ein Herabsinken zum »Kanzlerwahlverein« finden in der Partei

williges Gehör. In Wirklichkeit leidet die SPD eher an einem Theorieüberschuß, und ein »Kanzlerwahlverein« ist genau das, was eine Partei in der Demokratie in erster Linie zu sein hat: Einen Kanzler und eine Regierung zu stellen, ist ihre vornehmste Aufgabe. Das Parteiprogramm ist demgegenüber zweitrangig. Die Wirklichkeit relativiert jedes Programm, und nicht mit Unrecht werden Parteiprogramme vom Wähler kaum zur Kenntnis genommen. Theorie nun gar ist etwas für Politologen, nicht für Politiker. Auf SPD-Parteitagen fühlt man sich manchmal in die Zeiten August Bebels zurückversetzt - obwohl wir in der Zeit Helmut Schmidts leben, die wahrhaftig eine bessere Zeit für die SPD ist.

Die CDU wiederum hat sich bisher nicht daran gewöhnt, auch einmal in der Opposition zu existieren und auch in der Opposition die Haltung einer Regierung in Reserve zu finden. Ihre Kritik ist zu automatisch, um überzeugend zu sein; das Nein zu jeder Regierungsäußerung kommt oft zu rasch, zu unüberlegt. Und womit sich die CDU seit dem Machtwechsel von 1969 mehr als mit irgendetwas anderem geschadet hat, das ist der allzu rasche, fast hektische Wechsel ihrer Führungsfiguren. Von Kiesinger zu Barzel, von Barzel erst zu Carstens und dann

zu Kohl, von Kohl zu Albrecht und dann doch zu Strauß - in diesem nervösen Hin und Her zeigt sich eine innere Unsicherheit, ein Herumtappen und -tasten, das dem Wähler kein Vertrauen einflößt. Der Partei fehlt Härte im Nehmen und langer Atem. Sie scheint ständig auf der Suche nach einem politischen Wundertäter - und wenn das Wunder ausbleibt, weg mit ihm!
Wenn man alles zusammennimmt, kann man sagen, daß die Parteien hinter dem Wähler ein wenig zurückgeblieben sind. Der bundesrepublikanische Wähler hat seine Lektion gelernt. Er weiß heute genau, was er will: eine Regierung und eine Reserveregierung, zwei Parteien (oder, in Gottes Namen, Parteigruppen), die sich ohne harten Bruch in der Regierung ablösen können und sich nicht zu sehr in Taktik, Finassieren, »Politik« im alten schlechten Sinne, »Parteienhader« verlieren. Die Parteien können das alles noch nicht ganz lassen. Sie sind deswegen auch immer noch nicht wirklich populär. Adenauer war populärer als seine Partei, Schmidt ist populärer als seine Partei. Die Parteien wählt man »zähneknirschend«; die Kanzler mit Überzeugung.
Und doch wählt man schließlich die Parteien, die die Kanzler und Kanzlerkandidaten tragen -

mit überwältigender Mehrheit; zu 95 Prozent. Anders geht es ja nicht. Und das muß man den Parteien der Bundesrepublik immerhin zubilligen: Seit Kaisers Zeiten und Weimarer Zeiten haben sie einen langen Weg zurückgelegt. Man braucht nur die Kampfparolen der Weimarer Parteien mit den heutigen zu vergleichen, um zu sehen, wieviel sich geändert hat, wieviel sachlicher und anständiger der politische Parteiendialog, trotz gelegentlicher Entgleisungen, im ganzen geworden ist. Die Bonner Parteien haben immerhin gelernt, daß sie nicht mehr dazu da sind, goldene Berge zu versprechen und inzwischen das Regieren zu erschweren, sondern Regierungen zu stellen; und die Bundesrepublik ist unter den Regierungen, die sie gestellt haben, nicht schlecht gefahren. Wie sehr das Volk der Bundesrepublik den Wandel, den die demokratischen Parteien seit den Zeiten Weimars durchgemacht haben, zu würdigen weiß, das zeigt sich deutlicher noch als an dem überwältigenden Votum für diese Parteien an dem Niedergang ihrer gemeinsamen Feinde: 1932 hatten Kommunisten und Nationalsozialisten zusammen die Mehrheit der deutschen Wähler hinter sich. Heute bringen sie schon lange keine Abgeordneten mehr in den Bundestag. Auch das ist eine Wandlung, die der Betrachtung wert ist. Ebenso bemerkenswert ist, daß es bisher keiner neugegründeten Partei gelungen ist, in den Bundestag gewählt zu werden. Das wird manchmal beklagt, aber zu Unrecht. Wer eine funktionierende Demokratie will, muß sich eher darüber freuen.

KAPITEL III

Überlegungen eines Wechselwählers

Man kann das Ergebnis unserer bisherigen Überlegungen dahin zusammenfassen, daß Parteien dazu da sind, dem Lande eine Regierung zu stellen; und daß eine Demokratie nur dann funktioniert, wenn zwei regierungswillige und regierungsfähige Parteien oder Parteigruppen sich dem Volke nach feststehenden Regeln periodisch zur Wahl stellen. Wenn man das akzeptiert, ergibt sich daraus bereits, welche Parteien man *nicht* wählen darf: nämlich die braunen, die roten und die grünen. Die braunen und roten, also die Nationalsozialisten und Kommunisten, darum nicht, weil sie nicht bereit sind, sich regelmäßig zur Wahl zu stellen, sondern, einmal gewählt, alle Konkurrenz ausschalten und ein für allemal unabwählbar weiterregieren wollen. Und die Grünen darum nicht, weil sie keine Regierungsanwärter sind,

sondern eine reine Protest- und Störpartei; nichts könnte sie in größere Verlegenheit versetzen, als wenn ihnen plötzlich 51 Prozent der Wähler ihre Stimme gäben und sagten: Bitte, nun regiert das Land. Für die Demokratie sind die einen so tödlich wie die anderen.
Nationalsozialisten und Kommunisten waren vor einem knappen halben Jahrhundert in Deutschland gewaltige Massenparteien, die zusammen bei freien Wahlen eine Mehrheit der Deutschen hinter sich hatten. Heute sind sie in der Bundesrepublik zu politischen Sekten herabgesunken, und es braucht keine große Überredungskunst, die Masse der deutschen Wähler von ihnen fernzuhalten. Dazu hat die bittere Erfahrung genügt, die die Deutschen mit dem totalitären Einparteienstaat gemacht haben oder noch machen: die gesamtdeutsche mit der nationalsozialistischen, die teildeutsche mit der kommunistischen Variante. Anders steht es mit den Grünen. Sie haben bei einem Teil besonders der jugendlichen Wählerschaft zur Zeit deutlich Aufwind, und es ist nicht überflüssig, deutlich zu machen, warum auch sie, obwohl oder weil sie sich »basisdemokratisch« nennen, Gift für die Demokratie in Deutschland sind. Aber zunächst noch ein paar Bemerkungen zu den beiden totalitären Parteien.

Die Kommunisten lieben das Wort »totalitär« nicht; sie sind geradezu beleidigt, wenn man sie mit den Nationalsozialisten, ihren Feinden, unter demselben Begriff zusammenfaßt. Natürlich sind Kommunisten und Nationalsozialisten Feinde und sind es immer gewesen; aber Feindschaft schließt Gleichartigkeit nicht aus, und die Feindschaft zwischen Kommunisten und Nationalsozialisten erwächst zum Teil gerade aus ihrer Gleichartigkeit, nämlich daraus, daß eben beide gleichermaßen »totalitär« sind, das heißt, daß jede von ihnen das totale und permanente Monopol politischer Macht für sich beansprucht; insofern ist die Feindschaft zwischen Kommunisten und Nationalsozialisten einfach die Feindschaft, die aus der Rivalität erwächst: Beide wollen, was nur einer haben kann. Im kommunistischen wie im nationalsozialistischen Staat gibt es nur *eine* ein für allemal regierende Partei, nur *eine* Ideologie, die von niemandem öffentlich in Frage gestellt werden darf, dazu ein Propagandamonopol der regierenden Partei und eine mit großen Machtmitteln ausgestattete politische Polizei. Das sind unleugbare und unübersehbare Gemeinsamkeiten.

Daneben gibt es natürlich auch Unterschiede, aber selbst diese Unterschiede haben noch etwas gemeinsam: Beide Parteien beanspruchen, über das politische Monopol hinaus, das Recht, tief in das einzugreifen, was anderswo das Privatleben der Bürger ausmacht: die Nationalsozialisten hauptsächlich in sein sexuelles, die Kommunisten hauptsächlich in sein ökonomisches. Die Nationalsozialisten nahmen, durch ihre Rassengesetzgebung, dem einzelnen das Recht, zu schlafen, mit wem er wollte, und zu heiraten, wen er wollte. Die Kommunisten nehmen, durch ihre Wirtschaftsgesetzgebung, dem einzelnen das Recht, sein Geld zu verdienen, wie er will, und das Gewerbe zu betreiben, das er will. Man kann darüber streiten, was der schwerere Eingriff ist. Nicht bestreiten kann man, daß beide Parteien dieses Übergreifen politischer Macht in die Privatsphäre gemeinsam haben und sogar besonders stolz darauf sind: Es bildet in beiden Fällen den Kern ihrer Ideologie. Die Nationalsozialisten waren besonders stolz darauf, eine Herrenrasse heranzuzüchten, und die Kommunisten sind besonders stolz darauf, den Kapitalismus verstaatlicht zu haben.

Merkwürdig übrigens, daß sie zugleich den nichtkommunistischen Staaten in ihrer Propaganda genau das vorwerfen, was für ihr eigenes System charakteristisch ist. »Stamokap«, staatsmonopolistischer Kapitalismus, ist die genaue - und übrigens ganz wertneutrale - Beschreibung des kommunistischen Wirtschaftssystems; der Kapitalismus des Westens ist eben gerade nicht, wie der des Ostens, ein Staatsmonopol, sondern eine Sache des Marktes und des privaten Unternehmertums. Und »Berufsverbote« sind das entscheidende Merkmal gerade einer kommunistischen (oder »sozialistischen«) Wirtschaft: Die Berufe des Kaufmanns, des Industriellen, des Bankiers, sogar des selbständigen Handwerkers oder Landwirts sind dort grundsätzlich verbotene Berufe; in der Bundesrepublik ist kein Beruf als solcher verboten, wenn auch natürlich nicht jeder zu jedem Beruf zugelassen wird. Aber kann man es »Berufsverbot« nennen, daß zum Beispiel ein Protestant nicht katholischer Priester werden kann - und, ganz entsprechend, der Angehörige einer totalitären Partei nicht Beamter eines demokratischen Staats?

Dies nebenbei. Wie gesagt, die totalitären Parteien spielen heute im politischen Leben der Bundesrepublik keine große Rolle mehr. Wobei immerhin ein Unterschied zu registrieren ist: Vor fünfzig Jahren, in der Zeit ihrer gemeinsamen Hochblüte, waren die Nationalsozialisten die stärkeren, mehr als doppelt so stark wie ihre kommunistischen Rivalen; heute, in der Zeit ihres gemeinsamen Darniederliegens, sind die Kommunisten deutlich die stärkeren geworden. Das hängt natürlich mit dem Ergebnis des Zweiten Weltkriegs zusammen. Die Nationalsozialisten sind durch den Zweiten Weltkrieg und sein Ergebnis nicht nur in Deutschland, sondern in der ganzen Welt diskreditiert; die Kommunisten sind in anderen, mit der Bundesrepublik in der Europäischen Gemeinschaft eng verbundenen westeuropäischen Ländern, wie Italien und Frankreich, noch stark, und sie haben Rückhalt von außen, an der Sowjetunion und, in Deutschland, der DDR. Wobei es ihnen freilich in Deutschland auch wieder schadet, daß sie so deutlich eine »russische« Partei sind; das gilt sogar für die regierenden Kommunisten in der DDR, denen man immerhin zubilligen muß, daß sie unter den kommunistischen Regierungen die relativ mildeste sind (keine Schauprozesse, kein Gulag) und auch die wirtschaftlich erfolgreichste (die Russen beneiden die Ostdeutschen um ihren Lebensstandard; die Bundesdeutschen tun es allerdings nicht). Trotzdem kann sich die kommunistische Regierung der DDR auch nach dreißig Jahren ihres Volkes noch nicht sicher fühlen, wie sie durch die geschlossene

Grenze und das grundsätzliche Ausreise- und Auswanderungsverbot selber tagtäglich beweist. Das Volk der Bundesrepublik nun gar ist, wie Adenauer zu sagen pflegte, gegen den Kommunismus durch das, was es an der DDR studieren kann, »gefeit«; es möchte nicht mit den DDR-Bürgern tauschen. Das ist noch heute so wie zu Adenauers Zeiten. Die einzigen Stellen, wo die Kommunisten in der Bundesrepublik heute noch Einfluß und eine gewisse Macht genießen, sind die soziologischen Seminare mancher Universitäten, wo man sich an der Schönheit des marxschen Denksystems erbaut, ohne es mit dem »real existierenden Sozialismus« vergleichen zu müssen. Aber selbst dort ist der real existierende Sozialismus den Jung- und Neomarxisten oft eine Verlegenheit, und die kommunistischen Häresien blühen. Diese kommunistischen Häretiker - die »K-Gruppen« - sind oft mit den »Grünen« vermischt. Bekanntlich ist es bei den Grünen heftig umstritten, ob sie einen offiziellen Bestandteil der grünen Partei bilden sollen oder nicht. Wo sie es tun, nennen sich die Grünen oft auch »Bunte« oder »Alternative«, wie ja denn überhaupt diese seltsame Partei sich mit der eigenen Konstituierung schwer tut und in mehreren Farben schillert. Sie hat bisher nicht einmal ei-

nen offiziellen Namen, auch kein konkretes und realisierbares Programm, sondern nur Visionen und Ideale. Merkwürdigerweise tut das ihrer Anziehungskraft auf einen kleinen, aber nicht verschwindend kleinen Teil der Wählerschaft, insbesondere der jugendlichen Wählerschaft, keinen Abbruch. Es geht bei den Wahlen von 1980 nicht nur, wie es vernünftig wäre, darum, welche der beiden großen Parteigruppen die Bundesrepublik in den nächsten vier Jahren regieren soll; es geht auch darum, ob die Grünen in den Bundestag kommen sollen oder nicht. Gelingt es ihnen, kann das ernste Folgen haben. Mit den Grünen im Parlament könnte sich durchaus, bei dem knappen Stimmenunterschied zwischen den beiden großen Parteigruppen, sowohl die sozialliberale Koalition wie die CDU/CSU der zur Kanzlerwahl erforderlichen absoluten Mehrheit beraubt finden. Das würde entweder zu einer großen Koalition zwingen oder zu einem ungewollten Koalitionswechsel der FDP. Beides kein wünschenswertes Ergebnis.
Der Außerordentliche an den Grünen ist, daß sie keine eigentlich politische Partei sind. Die meisten Inhalte der Innen- und Außenpolitik interessieren sie nicht. Zur Wirtschafts-, Steuer- und Sozialpolitik haben sie nichts zu sagen,

ebensowenig zu den Beziehungen mit Amerika und Rußland, zu Europa, zu der Weltkrise in Nah- und Mittelost. Ihr Grundantrieb ist mehr eine Gemütsverfassung als ein Denkmodell, und zwar ist es die Gemütsverfassung, der schon Freud einen Namen gab: »Das Unbehagen an der Kultur«. Die Grünen fühlen sich unbehaglich in der hochtechnisierten Industriekultur, in der wir alle leben - leben müssen; mehr als das: ihnen ist angst. Sie wollen heraus aus unserer mechanisierten, elektrifizierten, automatisierten Welt, sie wollen die szientifisch-technologische Hochzivilisation, in die sie ungefragt hineingeboren sind, irgendwie demontieren - wie, können sie nicht sagen - und zurück zu einer einfacheren, bescheideneren, »natürlichen« Existenzform. Sie wenden sich nicht an die Vernunft, sondern an romantische und auch an atavistische Instinkte; ihr Programm, wenn man es ein Programm nennen kann, ist eine seltsame Mischung aus Nostalgie und Apokalypse.

Der Schlager der Grünen ist ihre Ablehnung von Atomkraftwerken. Hier treffen sie einen Nerv. Atomenergie ist neu - beängstigend neu, eine neue Dimension menschlicher Naturbeherrschung, ein Schritt ins Unerforschte, Unausprobierte. Ein solcher Siebenmeilenschritt ins Gefährlich-Neue ist den Menschen immer unheimlich, heute noch ebenso wie in prähistorischen Zeiten. Und doch besteht die gesamte Menschheitsgeschichte aus solchen gewagten Schritten. Die Erfindung der Kernenergie ist mit der Erfindung des Feuers zu vergleichen. Sein mythischer Erfinder, Prometheus, erntete bekanntlich keinen Dank. Die griechische Sage schmiedete ihn für alle Ewigkeit an einen Felsen, wo er zur Strafe für seine gewaltig-zweischneidige Erfindung in alle Ewigkeit gemartert wurde, durch einen Adler, der an seinen Eingeweiden hackte. Feuer hat ja auch wirklich zu allen Zeiten immer wieder einmal Furchtbares angerichtet; noch heutzutage sterben tausende von Menschen bei Hotelbränden einen qualvollen Tod. Verzichtet hat die Menschheit auf das Feuer freilich deswegen nicht; und sie wäre ja auch ohne Feuer nicht sehr weit gekommen.

»Wohltätig ist des Feuers Macht,
Wenn sie der Mensch bezähmt, bewacht.
Doch wehe, wenn sie losgelassen!«

Das gilt für die Atomkraft wie für das Feuer. Gewiß, wehe, wenn sie losgelassen! Wehe, wenn Atomkraft als kriegerische Waffe eingesetzt wird! Aber die Gefahr für die Menschheit liegt in den Atombomben, nicht in den Atomkraftwerken. In den Atomkraftwerken ist die Atomkraft ja eben nicht losgelassen, sondern »bezähmt, bewacht« - gründlicher und sorgfältiger als irgendeine andere der katastrophenträchtigen Naturkräfte, mit denen wir wirtschaften. Sicher: Bei der menschlichen Fehlbarkeit, die nun einmal nicht abzuschaffen ist, muß man zweifellos irgendwann und irgendwo einmal mit einem Versagen aller noch so sorgfältigen Sicherheitsvorkehrungen rechnen, und dann gibt es eben eine Katastrophe - eine Katastrophe wie ein Erdbeben, mit dem man ja auch immer wieder einmal rechnen muß. Aber auch eine solche Katastrophe würde die Menschheit, anders als einen atomaren Weltkrieg, mit Sicherheit überleben. Immerhin haben Atomkraftwerke bisher in den rund dreißig Jahren, in denen es sie gibt, in der ganzen Welt nicht ein Tausendstel der Menschenopfer gefordert, die der Autoverkehr in denselben dreißig Jahren allein in der Bundesrepublik hat, wo in dieser Zeit annähernd eine halbe Million Menschen im Straßenverkehr zu Tode gekommen ist und weit über zehn Millionen verletzt worden sind. Das hindert die grünen Autofahrer nicht, mit ihren »Atomkraft-nein-danke«-Plaketten weiter in ihren Autos herumzufahren und die Gegend unsicher zu machen.

Mit solchen Argumenten macht man freilich auf die Grünen keinen Eindruck. Auch damit nicht, daß Atomkraftwerke ja kein technisch-sportlicher Luxusartikel sind, sondern daß ohne Atomenergie wahrscheinlich, bei voraussehbar fortschreitender Ölverknappung, irgendwann in den nächsten zehn oder zwanzig Jahren nicht nur die Lichter ausgehen, sondern auch die Fließbänder abgeschaltet werden müßten. Das wollen die Grünen ja gerade. Man darf nie vergessen, daß sie nicht an die Vernunft appelieren, sondern an das Gefühl, und zwar an das Gefühl einer gewissen Verzweiflung über die technische Zivilisation, die nach ihrer Meinung die Menschheit ins Verderben führt und mit allen Mitteln und um jeden Preis gestoppt werden muß. Darüber, daß das nicht möglich und auch nicht wünschbar ist, kann man mit den Grünen so wenig diskutieren, wie man vor fünfzig Jahren mit den Nazis über die Juden diskutieren konnte. Darüber, wie ohne das ihnen so verhaßte technisch-industrielle Wachstum auch nur die 60 Millionen Bürger der Bundesrepublik, geschweige denn die viereinhalb Milliarden Mitglieder der Erdbevölkerung, einigermaßen menschenwürdig am Leben zu erhalten sind, machen sich die Grünen keine Gedanken. Sie gleichen einem Flugzeug-

passagier, der beim Fliegen von Flugangst befallen wird und seine Mitpassagiere hoch in der Luft zum Aussteigen auffordert.
Die plötzliche »grüne Welle« in der Bundesrepublik von 1980 erinnert ein wenig an die ebenso plötzliche nationalsozialistische und kommunistische Welle von 1930 - mit diesem Unterschied: Damals herrschte wirkliche Not, verbunden mit politischer Ratlosigkeit, und die Nazis und Kommunisten versprachen, die Not zu wenden, wenn man sie an die Macht ließ. Heute herrscht Wohlstand, und wir haben eine anständige, tüchtige Regierung. Aber man ist an Schopenhauers Wort erinnert, daß der Mensch, wenn er der Not einmal entkommen ist, der Langeweile verfällt.
Was die Grünen zu wenden versprechen, das it das verbreitete Gefühl der Langeweile, der Ziel- und Sinnlosigkeit des nationalen Lebens, des seelenlosen Materialismus, des »Konsumterrors« und des »Wachstumsfetischismus«. Freilich setzen die Grünen nicht eigentlich, wie die Nazis und Kommunisten, ein positives Ideal dagegen, keine nietzschesche Weltherrschaft des Herren- und Übermenschen, keinen marxschen Sprung aus dem Reich der Notwendigkeit in das Reich der Freiheit. Was ihnen vorschwebt, ist ein Dreiklang aus Armut, Seele und

Chaos, ein eher an der Urchristentum erinnerndes Ideal. Das aber haben sie doch wieder mit den Nazis und Kommunisten gemein, daß sie nicht eigentlich prosaisch gute Politik versprechen, sondern Erlösung durch Politik, Politik als Religionsersatz. Was quasi-religiösen Verheißungsparteien dieser Art immer wieder eine Tür öffnet, das ist nicht notwendigerweise ein Versagen der Politik (obwohl das in der Schlußphase der Weimarer Republik dazukam), sondern das Schwachwerden der Religion. Das ungestillte metaphysische Bedürfnis des Menschen sucht einen Ausweg im Politischen, die »Sinnlücke« will gefüllt werden, und falsche Propheten, die mit apokalyptischen Untergangsvisionen einherkommen, haben eine Chance. Kein Zufall vielleicht auch, daß »linke« Kirchenmänner heute mit den Grünen (wie auch manchmal mit den Kommunisten) Gemeinschaft suchen und finden.

Was den Grünen überdies zu Hilfe kommt, ist der Fortschrittspessimismus, der sich eingestellt hat, seit man, vor knapp zehn Jahren, die »Grenzen des Wachstums« erkannt zu haben glaubt. Nun braucht man aber auf die Entdeckung, daß Kohle und Öl nicht unerschöpflich sind, daß eine Anzahl anderer Rohstoffe knapp zu werden beginnen und daß wir im Umgang mit der natürlichen Umwelt lange Zeit allzu sorglos gewesen sind, nicht unbedingt mit Resignation zu reagieren und schon gar nicht, wie es die Grünen tun, mit Schadenfreude. Man kann es auch als Ansporn zu neuen Einfällen empfinden. Energie kann auch anders als durch Kohle und Öl gewonnen werden - Atomkraft ist eine erste Zwischenlösung -, knappe Rohstoffe können durch chemische Kunststoffe ersetzt werden (die Grenzen der Chemie sind noch lange nicht in Sicht), und verseuchte Flüsse kann man reinigen. Das sind große Aufgaben, die übrigens zum Teil ganz neue Industriezweige schaffen werden und jedenfalls nur mit mehr, nicht mit weniger Wachstum zu lösen sind. Aber es sind Aufgaben, die sich in erster Linie der Naturwissenschaft und Technologie stellen, nicht unmittelbar der Politik. Die Regierung kann nicht mehr tun, als die Forschung fördern und erfolgversprechende neue Technologien subventionieren, und das tut sie - die gegenwärtige sozial-liberale Regierung ebenso, wie es eine CDU/CSU-Regierung tun würde. Politisch gibt es hier nichts zu entscheiden. Die Frage, die sich dem bundesdeutschen Wähler stellt, ist aber eine politische Frage: die einfache Frage, ob er für die nächsten vier Jahre lieber, wie bisher, von

einer SPD-FDP-Koalition regiert werden will, unter dem Bundeskanzler Schmidt, oder von einer CDU/CSU-Regierung unter einem Bundeskanzler Strauß. Wer grün wählt, drückt sich vor der Antwort auf diese Frage, schlimmer, er gefährdet eine saubere Antwort und verfälscht möglicherweise des Wahlergebnis. Insofern sind die Grünen eine Gefahr nicht nur für die technische Zivilisation und den von ihr geschaffenen hohen Lebensstandard in Deutschland, was sie ja beabsichtigen, sondern auch für die Demokratie in Deutschland, was sie nicht beabsichtigen, aber bewirken. Ihr Erfolg wäre ein ernster Rückschlag für die Demokratie.
Denn Demokratie - wir können es nicht oft genug wiederholen - bedeutet, daß das Volk, durch Mehrheitsentscheid, bestimmt, wer für die nächsten Jahre regieren soll; daß das Volk herrscht, nicht, daß das Volk gegen Herrschaft protestiert. Das Wählervolk hat in der Demokratie die Rolle des konstitutionellen Monarchen übernommen. Auch vom Monarchen hat man ja gesagt: Er herrscht, aber er regiert nicht. Er herrscht, indem er eine Regierung auswählt und ernennt. Genau das tut in der funktionierenden Demokratie die Wählerschaft. Genau wie ein Monarch kann sie nicht selbst »basisde-

mokratisch« die Regierungsgeschäfte betreiben; genau wie ein Monarch muß sie die einmal gewählte Regierung regieren lassen. Genau wie ein Monarch muß sie aber auch für den Fall, daß die Regierung versagt, eine Reserveregierung bereit halten und zum Wechsel bereit sein, wenn er sich als nötig oder wünschenswert erweist.

Am besten erfüllt diese Funktion der Wechselwähler - also derjenige Wähler, der nicht ein für allemal in blinder Loyalität dieselbe Partei wählt, sondern sich bei jeder Wahl von neuem die konkurrierenden Parteien und Parteigruppen genau daraufhin ansieht, welche den besten Regierungschef und die beste Regierungsmannschaft präsentiert und welche in der gerade bestehenden Situation die erfolgversprechendste Politik vertritt. Wechselwähler sind bei den Parteien begreiflicherweise nicht besonders beliebt. Sie sind außerdem in der Bundesrepublik immer noch eine Minderheit, aber diese Minderheit entscheidet im allgemeinen den Ausgang der Wahl. Übrigens sind sie eine wachsende Minderheit, wie man daran sieht, daß in den Wahlen der siebziger Jahre die Parteien - *alle* Parteien - gerade in ihren sogenannten Hochburgen ständig zunehmende Verluste haben hinnehmen müssen. Das beweist, daß

immer mehr Stammwähler bereit sind, ihre Wahlgewohnheiten zu überprüfen und auch einmal der ihnen gefühlsmäßig ferner stehenden Partei eine Chance einzuräumen.
Erleichtert wird das dadurch, daß die Parteien einander ähnlicher geworden sind. Sie sind »Volksparteien« geworden, bestrebt, allen Klassen etwas zu bieten und Klassengegensätze intern durch Kompromisse auszugleichen, wobei, zugegebenermaßen, die Schwerpunkte bei der CDU noch immer etwas anders gelagert sind als bei der SPD. Immerhin, der Unterschied zu den Parteien des Kaiserreichs und der Weimarer Republik ist gewaltig. Damals wäre es undenkbar gewesen, daß ein pommerscher Gutsbesitzer je sozialdemokratisch gewählt hätte oder ein Neuköllner Arbeiter je konservativ. Heute ist die CDU keineswegs mehr einfach die Partei von Bildung und Besitz - wo nähme sie sonst ihre Millionenwählerschaft her - und die SPD ist längst nicht mehr die Partei des Proletariats; wobei noch zu fragen wäre, ob es ein »Proletariat« in der Bundesrepublik überhaupt noch gibt. Das Verschwinden der alten Klassenparteien zugunsten der neuen Volksparteien - deren jede einen, nur noch leicht unterschiedlichen, Klassenkompromiß in sich selbst verkörpert - hat ja seinen guten Grund in den

großen gesellschaftlichen Veränderungen, die sich in der Bundesrepublik in den letzten dreißig Jahren laufend und lautlos vollzogen haben und weiter vollziehen: dem eigentümlichen Durchlässigwerden der hergebrachten Klassen, der Bildung neuer klassenüberwindender Lebensstile, dem fast vollständigen Verschwinden der persönlichen Dienstverhältnisse und natürlich, nicht zuletzt, der enormen Verbesserung des Lebensstandards der Industriearbeiterschaft. Wer sich die Fernsehverfilmung der »Buddenbrooks« angesehen hat, dem mußten die Augen dafür aufgehen, daß die Gesellschaft der Bundesrepublik längst aufgehört hat, eine bürgerliche Gesellschaft zu sein. Eine bürgerliche Gesellschaft, das war die Welt der Buddenbrooks mit ihren Herrschaftshäusern und Dienstboten, ihrer Kleiderordnung, ihrem unverrückbaren Oben und Unten, diese Welt, in der man jedem Mann und jeder Frau auf Anhieb seinen oder ihren Rang in der Gesellschaft ansah und anhörte. Für heutige Bundesbürger ist das eine völlig versunkene Welt. Auf den Autobahnen und in den Supermärkten der Bundesrepublik sind die Klassenunterschiede der bürgerlichen Gesellschaft von einst, wenn nicht verschwunden, jedenfalls bis zur Unkenntlichkeit verwischt. Am Einkaufskorb läßt sich nicht mehr unterscheiden, wer die Akademikergattin und wer die Arbeiterfrau ist, ebensowenig an der gleichermaßen saloppen und bequemen Kleidung, und selbst die Klassenordnung der Automarken, in den fünfziger Jahren noch eine beliebte Markierung sozialer Unterschiede, hat sich unvermerkt aufgelöst; in den Autokarawanen, die sich alljährlich zum Ferienbeginn nach Süden wälzen, kann es durchaus der gutverdienende unverheiratete Jungarbeiter sein, der den »heißen Ofen« fährt, und der Regierungsrat, der sich mit seiner Familie im schwerbeladenen Käfer behilft. Der Lebensstandard hat sich bei den Arbeitern ungeheuer nach oben, der Bildungsstandard beim »Bürgertum« ungeheuer nach unten verschoben, sie überschneiden sich jetzt oft; der Generationsgegensatz ist viel schärfer und augenfälliger geworden als der Klassengegensatz. Man mag das begrüßen oder beklagen: Es ist so. Und diese neue Klassendurchdringung und Klassenmobilität schlägt politisch auf das Parteiensystem durch. Die SPD ist längst auch für das »Bürgertum«, die CDU für die »Arbeiterschaft« wählbar geworden - wobei wir »Bürgertum« und »Arbeiterschaft« bewußt in Anführungszeichen setzen. Diese Begriffe treffen die heutige Klassenlandschaft der Bundesrepublik nicht

mehr, es sind bereits Begriffe von gestern geworden.
Zurück zum Wechselwähler. Es soll hier nicht sein Loblied gesungen werden. Man könnte sagen, daß sich unter den Wechselwählern die schlechtesten und die besten Wähler finden: die bloß launischen, wankelmütigen, oberflächlichen und leicht beeinflußbaren - aber neben ihnen auch die nüchternsten, vorurteilsfreisten, kritischsten und staatsbewußtesten, die bei ihrer Wahl wirklich das Wohl des Ganzen im Auge haben.So oder so, der Einfluß der Wechselwähler auf das Wahlverhalten der Parteien ist ein guter Einfluß. Parteien verfolgen im Wahlkampf bekanntlich zwei nicht ganz leicht vereinbare Ziele: ihre Stammwähler möglichst vollzählig zu mobilisieren - und von den Wechselwählern möglichst viele für sich zu gewinnen. Für das erste müssen sie die Atmosphäre anheizen, die Gegenpartei verteufeln, die jeweils fällige Wahlentscheidung übertreibend dramatisieren und ganz allgemein die Gefühle aufreizen. Für das zweite müssen sie eine sachliche Sprache führen, Argumente vorbringen, mit der Gegenpartei diskutieren, wenn möglich brauchbare eigene Vorschläge machen, wie etwas besser gemacht werden könnte, und generell die Vernunft der

Wähler ansprechen. Man braucht nicht zu sagen, was vorzuziehen ist.
Für den Wechselwähler ist auch zu sagen, daß durch ihn der größte Vorzug der Demokratie vor dem Einparteienstaat, die Qualitätsverbesserung der Politik durch Parteienkonkurrenz, erst recht eigentlich zum Tragen kommt. Gäbe es keine Wechselwähler, dann wären freie Wahlen, bei denen zwei oder mehr Parteien zur Wahl stehen, im Ergebnis fast so vorhersagbar wie die »Wahlen« in Einparteienstaaten, bei denen überhaupt nichts zur Wahl steht. Es gäbe eine ewige Regierungspartei und eine oder mehrere ewige Oppositionsparteien - ein Zustand, der in der Bundesrepublik der fünfziger Jahre, auf dem Höhepunkt der Triumphe Adenauers, sich schon einmal anzukündigen schien und in Bayern und Baden-Württemberg einerseits, in Hamburg und Bremen andererseits, heute fast unabänderlich etabliert scheint. Das ist kein gesunder Zustand. Unerschütterliche Dauerregierung bekommt einer Partei nicht gut und hoffnungslose Daueropposition noch weniger. Es ist der Wechselwähler, der dafür sorgt, daß eine regierende Partei nicht übermütig oder müde wird und eine opponierende nicht verbittert oder demagogisch. Jede regierende Partei muß ein wenig in der Furcht

des Herrn leben - nämlich des demokratischen Souveräns, des Wählers im allgemeinen und des Wechselwählers im besonderen -, und jede nichtregierende Partei in der Erwartung, jederzeit wieder regieren zu dürfen oder zu müssen; nur das hält beide in den Grenzen staatspolitischer Verantwortung.
Man kann sogar weiter gehen und sagen, daß Wechsel an sich, unabhängig davon, ob die amtierende Regierung besondere Fehler gemacht hat oder nicht, in gewissen Zeitabständen belebend wirkt und notwendig ist. Nicht allerdings von jeder Legislaturperiode zur nächsten. Das wäre zu hektisch, besonders wenn man bedenkt, daß von den vier Jahren einer Legislaturperiode ja eigentlich nur zwei wirkliche Arbeitsjahre sind; das erste geht für die Einarbeitung drauf und das letzte für den nächsten Wahlkampf. Eine weitschauende und langfristig angelegte Politik braucht im allgemeinen mehr als vier Jahre, um Frucht zu tragen. Immerhin, die siebzehn Jahre CDU-Regierung von 1949 bis 1966 waren reichlich bemessen; und von diesem Gesichtspunkt aus gesehen, stellt sich auch 1980 wieder die Frage, ob die elf Jahre SPD-Regierung seit 1969 nicht fürs erste genug gewesen sind. Viele Wechselwähler werden deshalb in die Wahlen von 1980 mit einem

leichten Vorurteil zugunsten der gegenwärtigen Opposition gehen; mindestens mit der Frage: »Ist es nicht einmal wieder Zeit für einen Wechsel?« Das ist eine durchaus legitime Frage. Freilich darf sie für die Wahlentscheidung nur dann ausschlaggebend werden, wenn nicht überwiegende politische oder personelle Gründe einem Wechsel in gerade dieser Konstellation entgegenstehen.

Aus der Innenpolitik sind solche Gegengründe gegen einen Wechsel im Jahre 1980 kaum zu entnehmen. Freilich auch keine starken Argumente *für* einen Wechsel. Denn innenpolitisches Versagen läßt sich der amtierenden Regierung nicht vorwerfen, und es ist nicht vieles zu sehen, was die gegenwärtige Opposition innenpolitisch anders machen würde - oder könnte -, wenn sie an die Regierung käme. Die Schwierigkeit, vor der sich die Opposition innenpolitisch im Wahlkampf 1980 findet, ist, daß sie einer im großen ganzen mit ihrem Los zufriedenen Wählerschaft Unzufriedenheit suggerieren muß.

Dreiviertel der Innenpolitik ist heutzutage Wirtschaftspolitik, und gerade wirtschaftspolitisch hat die gegenwärtige Bundesregierung gut gearbeitet. Von der Weltwirtschaftskrise, in der wir seit sechs Jahren leben müssen, merkt man in der Bundesrepublik immer noch weit weniger als in den meisten vergleichbaren Ländern, und das, obwohl die Bundesrepublik tiefer als die meisten Länder in die Weltwirtschaft verflochten ist.

Das ist natürlich nicht das alleinige Verdienst der Bundesregierung. Das Hauptverdienst wird man dem deutschen industriellen Management zuschreiben müssen - der am härtesten arbeitenden, einfallsreichsten, mutigsten und, man möchte sagen, geistreichsten Klasse im heutigen Deutschland; denn Geist ist heute in Deutschland sehr viel mehr in der Industrie zu Hause als zum Beispiel in der Literatur oder in den Universitäten. Aber auch die Einsichtigkeit der meisten Gewerkschaften und die Unbeirrbarkeit der Bundesbank haben ihren Anteil daran, daß die Bundesrepublik die Wirtschaftsstürme der siebziger Jahre bisher so relativ erfolgreich abgewettert hat. Auf alle diese wirtschaftlich entscheidenden Faktoren - Management, Tarifparteien und Bundesbank - hat die jeweilige Bundesregierung nur wenig direkten Einfluß, und man könnte es geradezu ungerecht finden, daß ihr Erfolg oder Mißerfolg so weitgehend nach der Leistung anderer beurteilt wird. Immerhin, ganz unbeteiligt ist die Wirtschaftspolitik der Regierung am wirtschaftlichen Erfolg oder Mißerfolg des Landes nicht: Ihre Außenhandels- und Ausgabenpolitik setzt den gesamtwirtschaftlichen Rahmen, mit Großunternehmen wie Bundeswehr, Bundesbahn und Bundespost ist sie selbst am Wirtschaftsleben beteiligt, mit ihrer Abschreibungs- und Subventionspolitik besorgt sie eine Menge Feinsteuerung, und schließlich wird der Staat manchmal im Pannenfall zur »Reparaturwerkstatt des Kapitalismus«, was von denen, die dieses Schlagwort geprägt haben, polemisch gemeint, aber vollkommen in Ordnung ist. Jeder Autofahrer ist dankbar, daß es Reparaturwerkstätten gibt - und keiner würde deswegen wünschen, daß die Reparaturwerkstätten die Autoproduktion übernehmen müßten.

Wie gesagt, im ganzen dürfte der Wähler mit der wirtschaftspolitischen Arbeit der gegenwärtigen Bundesregierung, am Ergebnis gemessen, durchaus zufrieden sein, ohne freilich daraus schon die Folgerung zu ziehen, daß diese Regierung keinesfalls abgelöst werden darf. Auch CDU-Regierungen haben in der Vergangenheit erfolgreiche Wirtschaftspolitik betrieben, und es besteht kein Grund anzunehmen, daß sie es in Zukunft schlechter machen würden. Allerdings besteht auch kein Grund anzunehmen, daß sie irgendetwas grundsätzlich anders machen würden, wie es die CDU bei den Wahlen von 1976 mit ihrem Wahlslogan »Freiheit statt Sozialismus« verhieß. Das war ein irreführender Slogan. Weder ist die SPD heute noch eine sozialistische Partei, noch würde die CDU im Ernst die Wirtschaft von ihren sozialen Bindungen und Belastungen - Tarifautonomie, Betriebsverfassungsgesetz, Mitbestimmung, Sozialversicherung, Arbeitsgerichtsbarkeit - »befreien« wollen, Bindungen, die sich bewährt haben und an denen sie selber vielfach mitgearbeitet hat. Vielmehr ist die CDU, ob sie es wahrhaben will oder nicht, längst eine genauso sozialdemokratische Partei geworden wie die SPD.

Beide können, als staatstragende Parteien der Bundesrepublik, gar nichts anderes sein; denn immerhin proklamiert ja der Artikel 20 des Grundgesetzes die Bundesrepublik als einen »demokratischen *und sozialen* Bundesstaat«. Eine Partei, die zugunsten einer undefinierten »Freiheit« den Sozialstaat abschaffen wollte, würde verfassungswidrig handeln - und diesen Vorsatz wird man der CDU nicht unterstellen dürfen. Die CDU hat sich beim Ausbau des Sozialstaats sogar große eigene Verdienste erworben. Die vielleicht segensreichste Sozialreform der letzten dreißig Jahre, die alljährliche Anpas-

sung der Altersrenten an das jeweilige Lohnniveau, stammt aus dem Jahre 1958, von einer reinen CDU-Regierung; die SPD-FDP-Regierung hat sie in den letzten Jahren, wenn auch widerwillig, notgedrungen und vielleicht nur vorübergehend, eher verwässert.
Vielleicht tun wir gut, bei dem, was man den sozialdemokratischen Konsens der beiden großen Parteien nennen kann, noch einen Augenblick zu verweilen. Denn er gehört zu den wichtigsten politischen Besonderheiten der Bundesrepublik - in England und Frankreich zum Beispiel gibt es ihn in diesem Grade nicht, auch in der Republik von Weimar gab es noch nichts Entsprechendes -, und ihm verdanken wir unsern vielbeneideten Klassenfrieden. Aber zugleich versuchen ihn SPD wie CDU, statt stolz auf ihn zu sein, eher zu verstecken; besonders in Wahlkämpfen werden die alten zerschlissenen Banner von Sozialismus und Unternehmerfreiheit noch gern wieder entfaltet. Das CDU-Wahlkampfmotto von 1976 »Freiheit statt Sozialismus« haben wir schon erwähnt; und Willy Brandt scheint etwas Ähnliches im Sinn zu haben, wenn er mitunter »demokratischen Sozialismus« als SPD-Politik proklamiert. Beide Parteien tun sich damit Unrecht; man muß beide gegen sich selbst in Schutz nehmen.

In Wirklichkeit will die SPD keinen Sozialismus, weder einen demokratischen (falls es den geben kann) noch einen undemokratischen. In den elf Jahren, die sie nun in Bonn regiert, hat sie nicht einen einzigen Industriezweig sozialisiert oder zu sozialisieren versucht; und es ist auch nicht etwa so, daß sie davon nur durch die Rücksicht auf ihren Koalitionspartner zurückgehalten worden wäre. Sie will es einfach nicht, sie denkt gar nicht daran. Und umgekehrt denkt die CDU nicht im Traume daran, etwa die Tarifautonomie oder das Betriebsverfassungsgesetz abzuschaffen. Beide Parteien sind sich in der Praxis völlig einig über die existierende Wirtschafts- und Sozialverfassung der Bundesrepublik. Beide wollen eine möglichst produktive und ertragreiche, also privat betriebene, kapitalistische Marktwirtschaft; und beide wollen den Abschöpfungs- und Umverteilungsstaat, den Hochsteuer- und Sozialstaat. Beide sind sich darin auch völlig einig mit der überwältigenden Bevölkerungsmehrheit, insbesondere mit praktisch der gesamten Arbeiterschaft.

Es ist eine alte Legende, daß die Arbeiterschaft sozialistisch gesinnt wäre. Wie sollte sie es sein, da sie sich doch im sozialistischen Staat der massiven Staatsmacht mit allen ihren Zwängen als einzigem Arbeitgeber gegenübersieht! Lenin wußte es besser. Er schrieb bereits 1902: »Die Geschichte aller Länder bekundet, daß die Arbeiterklasse aus eigenen Kräften einzig und allein ein gewerkschaftliches Bewußtsein zu entwickeln imstande ist. Die Lehre des Sozialismus ist vielmehr, ganz unabhängig von der Arbeiterbewegung, aus philosophischen, historischen und ökonomischen Theorien entstanden, die von gebildeten Vertretern der besitzenden Klassen, der bürgerlichen Intelligenz, entwickelt worden sind... Das politische Klassenbewußtsein kann dem Arbeiter nur von außen beigebracht werden«. Und ein ebenso großer Realpolitiker, Bismarck - übrigens der Erfinder des Sozialstaats, der seine andere Schöpfung, das Deutsche Reich, erheblich überdauert hat und 1983 sein hundertjähriges Jubiläum feiern kann - bemerkte 1890, nach seiner Entlassung: »Kapital und Arbeit sollten die besten Freunde sein, und sie würden das auch zweifellos sein, wenn nicht jeder Teil vor dem anderen einen kleinen Vorteil voraushaben möchte. Das ist natürlich einfach Menschenart, und wir dürfen nicht hoffen, diese je ändern zu können«.

Durch zweier Zeugen Mund wird Wahrheit kund. Und was für Zeugen! Heute ist es mit

Händen zu greifen: Was die Arbeiter wirklich wollen, ist, durch ihre Gewerkschaften in Tarifverhandlungen am Kapitalismus mitprofitieren (wobei jeder Teil vor dem anderen natürlich einen kleinen Vorteil voraushaben möchte); was sie keineswegs wollen, ist, sich einem allmächtigen Staat als einzigem Monopolkapitalisten gegenüberzufinden, der alle Profite in Neuinvestitionen zurückpumpt oder durch Rüstung in Macht umsetzt und an Gewerkschaften nur das duldet, was man früher bei uns als »gelbe« Gewerkschaft kannte, also Gewerkschaften, die in Wirklichkeit auf der Arbeitgeberseite stehen und dazu da sind, die Arbeiter zu immer größeren Leistungen anzustacheln. Das und nichts anderes aber ist Sozialismus. Man sollte das Wort »Sozialismus« nicht so schillernd und leichtfertig gebrauchen, wie es etwa die »Sozialisten« Frankreichs und Italiens tun, die ja keine Kommunisten sein wollen, oder wie es auch Willy Brandt tut, wenn er von der SPD als einer Partei des demokratischen Sozialismus spricht, oder wie es die CDU tut, wenn sie die Wirtschafts- und Sozialpolitik der Regierung Schmidt als Sozialismus bezeichnet. Sozialismus ist das System der Länder, die sich selbst sozialistisch nennen und an denen jedermann studieren kann, was Sozialismus wirklich ist, nämlich Staatskapitalismus. Das System der Bundesrepublik ist kein sozialistisches, sondern eben ein sozialdemokratisches, und das ist etwas ganz anderes; übrigens wirtschaftlich wie sozial erfolgreicheres. Und über die Erhaltung und Verteidigung dieses sozialdemokratischen, nicht sozialistischen Systems sind sich SPD und CDU vollkommen einig und sollten es offen sagen. Wahlparolen gegeneinander sind auf diesem Felde längst nicht mehr zu gewinnen.

Worin die Parteien sich innenpolitisch unterscheiden, das ist nicht die Wirtschafts- und Sozialpolitik, sondern etwas ganz anderes. Auf den Gebieten des Rechts, der Sitte und der Institutionen ist die CDU die konservative, die SPD die reformfreudige Partei. Willy Brandt erklärte, als er 1969 Bundeskanzler wurde, seine Regierung solle als eine Regierung der inneren Reformen in die Geschichte eingehen. So ist es nicht gekommen; die Leistung, mit der seine Regierung in die Geschichte eingegangen ist, war keine innen-, sondern eine außenpolitische Leistung; die Regierung Brandt lebt im Gedächtnis der Nation nicht als eine Regierung der inneren Reformen, sondern als die Regierung der Ostverträge. Immerhin, eine ganze Menge ist unter der Regierung Brandt reformiert worden, besonders auf dem Gebiet des Ausbildungs- und Bildungswesens, und eine besonders tiefgreifende Reform, die des Scheidungsrechts, ist zwar noch unter der Regierung Brandt eingeleitet, aber erst in der Legislaturperiode 1976/80, unter der Regierung Schmidt, Gesetz geworden. Im ganzen allerdings ist unter der Kanzlerschaft Schmidts der Reformeifer seines Vorgängers eher gebremst woden, und für die nächste Legislaturperiode stehen, auch wenn die gegenwärtige Regierungskoalition im Amt bestätigt wird, keine größeren Reformvorhaben in Aussicht: eher ein Ausbügeln gewisser unerwünschter Reformfolgen, zum Beispiel der Scheidungsreform auf dem Gebiet der Sozialversicherung.

Das entspricht einer weitverbreiteten Stimmung, die der CDU, nicht der SPD, zugutekommt. Das Volk der Bundesrepublik ist reformmüde; es herrscht sogar ein Eindruck vor, daß manche Reformen die Dinge eher verschlechtert als verbessert haben. Die Klagen über »Schulstreß« zum Beispiel haben nicht nachgelassen; aber neue Klagen über schlimme Wissensmängel der Schulabgänger sind dazugekommen. Dem neuen Scheidungsrecht wird vorgeworfen, daß es grobe Ungerechtigkeiten möglich macht. Die gab es freilich auch unter dem alten Scheidungsrecht; aber die alten Fallstricke waren bekannt, auch die Mittel, sie zu vermeiden, waren bekannt, und man hatte sich, über die Jahrzehnte, gewöhnt, mit dem alten Gesetz zu leben. Jetzt muß man mühsam umlernen - in vielen Fällen rückwirkend umlernen, und das macht böses Blut. Änderung ist nicht immer Verbesserung, im Gegenteil, Änderung als solche ist zunächst einmal immer etwas Unangenehmes, sie muß sehr viel und offensichtliche Verbesserung bringen, um die Unbequemlichkeit der Umstellung auszugleichen; man denke nur an den überflüssigen Ärger, den sich viele Landesregierungen mit ihrer Änderung von Verwaltungsbezirken oder Zusammenlegung altgewohnter Stadtgemeinden eingebrockt haben. Gesetzesreformen sind nur dann wohltätig, wenn sich die Lebensverhältnisse, Sitten und Rechtsauffassungen geändert haben und die alten Gesetze nicht mehr dazu passen. Reform der Gesetze muß dem Wandel der Sitten folgen. Aber sie darf ihm nicht vorauseilen oder ihn gar erst herbeizwingen wollen; dann tut sie weh und weckt Widerstand. Manche Reformen der letzten Jahre sind dieser Gefahr nicht entgangen.

Alles in allem gibt es auf dem innenpolitischen Feld wenig Gründe, die gegen einen Wechsel sprechen, und einige, die dafür sprechen. Elf Jahre Regierung derselben Partei oder Parteienkombination sind im allgemeinen genug. Die Reformära hat ihr natürliches Ende erreicht, und eine Periode innerer Ruhe und konservativer Konsolidierung käme nicht zu früh. Auf dem Gebiet der Wirtschafts- und Sozialpolitik ist zwischen den Programmen und Fähigkeiten der konkurrierenden Parteigruppen kein großer Unterschied festzustellen; und neue Besen kehren gut. Ein Punkt für die CDU/CSU.

Es gibt aber zwei Gebiete, auf denen die SPD/FDP-Koalition Punkte sammelt. Das eine ist das personalpolitische, der Vergleich des amtierenden Kanzlers mit dem Kanzlerkandidaten der Opposition. Das andere, ausschlaggebende, ist das Gebiet der Außenpolitik.

Die Wahl von 1980 ist die erste in der Geschichte der Bundesrepublik, die vom Wähler weitgehend als persönlicher Zweikampf, als Duell zwischen Kanzler und Kanzlerkandidat empfunden wird. In den fünfziger Jahren wirkte der damalige Kanzlerkandidat der SPD, Ollenhauer, verglichen mit der souveränen Vaterfigur des Bundeskanzlers Adenauer farblos. Brandt, dreimal Kanzlerkandidat der SPD in den sechziger Jahren, war nicht farblos, er hatte als kämpfender Berliner Bürgermeister in den

Krisenjahren Ruhm geerntet; aber gerade als Berliner trug er doch ein gewisses Handicap, er kam von draußen, war verhältnismäßig unvertraut mit den inneren Entwicklungen und Stimmungen der Bundesrepublik, kein Staatsgründer wie Adenauer, kein »Vater des Wirtschaftswunders« wie Erhard; das persönliche Duell, wenn es eines war, war ungleich. Ungleich war auch der Kampf des unpopulären Rainer Barzel gegen den rasch populär gewordenen Kanzler Willy Brandt 1972, und der des biederen Helmut Kohl gegen den smarten Helmut Schmidt 1976. Erst 1980 stehen sich zum ersten Mal zwei politische Schwergewichtler gegenüber, die beiden wohl stärksten Kraft- und Kampfnaturen, die die deutsche Politik zur Zeit aufzuweisen hat. Schmidt und Strauß haben eine ganze Menge gemein: Intellekt, Energie, Ehrgeiz, Willenskraft, kämpferisches Temperament, Durchsetzungsvermögen, eine gewisse Rücksichtslosigkeit, auch Hochmut und Scharfzüngigkeit. Beide sind Realpolitiker, ja, wenn man will, Pessimisten - Männer, die den dunklen und bösen Seiten der menschlichen Natur, und insbesondere der politischen Natur des Menschen, unerschrocken ins Auge sehen und auf den Appell an die weicheren Gefühle lieber verzichten; keine Visionäre, Menschenfreunde und Weltverbesserer; keinen von beiden kann man sich babyküssend im Wahlkampf vorstellen. Schmidt hat sich in den sechs Jahren seiner bisherigen Kanzlerschaft außerordentlichen Respekt erworben, auch bei seinen parteipolitischen Gegnern, aber er wird auch in seiner eigenen Partei nicht eigentlich geliebt wie sein Vorgänger Brandt. Strauß nun gar - und das ist etwas, das gegen ihn spricht - hat in einer langen und wechselvollen politischen Laufbahn ein außergewöhnliches Talent dafür gezeigt, Haß zu erregen. Für die meisten »Linken« - nicht nur Kommunisten und Grüne, sondern durchaus bis in die linken Flügel der SPD und FDP hinein - ist er schlechterdings der Gottseibeiuns. Das kann ihm paradoxerweise im Wahlkampf sogar nützen. Eine so übertriebene Verteufelungskampagne, wie sie von den irregulären Linken schon lange vor dem eigentlichen Wahlkampf gegen Strauß entfesselt worden ist, muß Gegengefühle mobilisieren. »Ein Kerl, den alle Menschen hassen, der muß was sein!« Aber vor dieser Reaktion muß man sich auch wieder hüten. Weil manches, was gegen Strauß gesagt, geschrieben und gezeichnet wird, hysterisch und abstoßend wirkt, ist Strauß noch nicht besser als Schmidt. Im Gegenteil, es spricht bei objektiver Betrachtung für Schmidt, daß er ausgleichend und einigend wirkt, Strauß dagegen polarisierend und auf Gegner oft aufreizend. Wie gesagt, auch Schmidt wird von der eigenen Partei nicht gerade geliebt. Er führt sie mehr von rechts als vom Parteizentrum her, und wenn er einen anderen Gegenkandidaten als Strauß hätte, wäre es denkbar, daß er von der Parteilinken bei den Wahlen im Stich gelassen würde. Dafür ist Schmidt ein auch für die meisten CDU-Wähler durchaus annehmbarer Bundeskanzler; er könnte im Notfall auch ein tüchtiger und handlungsfähiger Kanzler einer großen Koalition sein; Strauß niemals. Es ist nicht einmal sicher, daß Strauß eine reine CDU/CSU-Regierung über längere Strecken zusammenhalten könnte. Schon seine Kanzlerkandidatur hat er bei der CDU ja nur mit harten machtpolitischen Methoden, nach vorangehender Spaltungsdrohung, gegen eine starke unbekehrte Minderheit durchsetzen können. Die Vorbehalte in der eigenen Gefolgschaft gegen ihn sind nicht gestorben; sie werden nur für die Dauer des Wahlkampfes loyal unterdrückt. Es ist kaum eine Übertreibung zu sagen, daß es eine ganze Menge CDU-Politiker gibt, denen vor einem Kanzler Strauß heimlich bange ist; während Schmidt sogar über die eigenen Parteigrenzen

hinaus zwar keine Liebe, aber Respekt und Zutrauen genießt.
Das hängt mit dem unterschiedlichen Temperament der beiden Männer zusammen. Soviel sie sonst gemeinsam haben, hierin sind sie Gegensätze. Schmidt ist immer kühl, und in Krisen wird er kalt. Strauß ist immer hitzig, und in Krisen ist er in Gefahr, durchzudrehen. Das Jahr 1962 steht wie ein Motto über der Laufbahn der beiden Politiker, die damals ihre ersten Höhepunkte - oder Tiefpunkte - hatte: für Schmidt die Hamburger Flutkatastrophe, in der sich der damalige Hamburger Innensenator mit einem »Alles hört auf mein Kommando!« als kühl improvisierender Krisenmanager bundesweit berühmt machte; für Strauß die Kubakrise und die Spiegelaffäre, die den jugendlichen Bundesverteidigungsminister für Jahre ins politische Aus zurückwarf. Seitdem sind viele Jahre vergangen, und man muß Strauß zugestehen, daß er Stehvermögen gezeigt und sich aus dem Graben, in den er 1962 gefallen war, zäh wieder herausgearbeitet hat. Er ist zweifellos ein politisches Klassepferd - aber, wie das bei Klassepferden immer wieder einmal vorkommt, ein Klassepferd mit einem Temperamentsfehler. Was man ihm nicht nachrühmen kann, ist Zuverlässigkeit und Beständigkeit. Außerdem

ist er sehr provozierbar - eine Schwäche, die seine Gegner lange entdeckt haben und von der sie ausgiebig Gebrauch machen, auf nicht immer sympathische Weise. Aber eine Schwäche bleibt es.

Nun hat Unberechenbarkeit ja auch ihr Faszinierendes. Politiker von der Art Strauß' sind nicht nur für schlimme, sondern unter Umständen auch für glänzende Überraschungen gut. Strauß-Fans haben oft auf die Ähnlichkeit mit Churchill hingewiesen - der sich ja durch politische Extravaganzen und Eigensinnigkeiten lange Zeit selbst ausmanövriert hatte und in den dreißiger Jahren in England einen ganz ähnlichen Ruf hatte wie Strauß heute in Deutschland, dann aber in der verzweifelten Lage von 1940 zum Retter seines Landes wurde. Auch Bismarck hatte sich im Preußen der Jahre um 1860 durch abenteuerliche Vorschläge und reaktionären Extremismus geradezu unmöglich gemacht - und wurde dann, nach Königgrätz und Sedan, zum nationalen Heros. Natürlich wird nicht aus jeder häßlichen Kröte eines Tages ein schöner Prinz; es gibt auch Kröten, die Kröten bleiben. Aber schwerer wiegt etwas anderes. Strauß selber hat gelegentlich sinngemäß gesagt, er wünsche Deutschland keine Lage, in der es ihn als Bundeskanzler brauchen würde (Humor hat er, das muß man ihm lassen). Leider hat er mit diesem Ausspruch noch ein bißchen mehr gesagt, als er vielleicht sagen wollte. Denn solche Lagen wie die, in die sich Preußen 1866 und England 1940 manövriert hatten und in denen sich politische Außenseiter, wie es Bismarck und Churchill vorher gewesen waren, plötzlich großartig bewähren konnten, könnte die Bundesrepublik im Atomzeitalter nicht mehr überleben, auch wenn Strauß sich in einer solchen Lage als ein neuer Bismarck oder Churchill erwiese. Die außenpolitische Aufgabe der Bundesrepublik - keine leichte Aufgabe - ist es gerade, eine solche Lage unter allen Umständen zu vermeiden. Und dazu ist ein Mann, der innerlich auf eine Bismarcksche oder Churchillsche Chance wartet, schlecht geeignet. Was die Bundesrepublik heute - und noch auf lange Zeit - außenpolitisch braucht, ist kühle Vernunft, Umsicht, Vorsicht, Selbstkontrolle, Absicherung nach den verschiedensten Seiten, Wegsteuern von Krisen, auch Selbstbescheidung und ein »niedriges Profil«. Sie ist keine Großmacht mehr, und sie hat es, im Guten und weniger Guten, ständig mit Mächten zu tun, von denen sie vernichtet werden kann. Mit einem Bismarck oder Churchill als Kanzler wäre die heutige Bundesrepublik schlecht bedient; und es ist immerhin noch nicht bewiesen, daß in Strauß ein Bismarck oder Churchill steckt. Die Aura von hohem Spiel, Wagnis und Abenteuer, die von Strauß ausgeht und für manche eine Versuchung ist, sollte in Wahrheit die stärkste Warnung vor ihm sein. Das, was einst den höchsten Ruhm eines Staatsmanns ausmachte, der siegreiche Krieg, ist heute für einen Staat in der Lage der Bundesrepublik zu einem Selbstmordrezept geworden. Strauß ist gewiß kein neuer Hitler, und vieles, was gegen ihn gesagt wird, tut ihm Unrecht. Er war ein guter Finanzminister, er mag sich als ein guter bayerischer Ministerpräsident erweisen. Aber würde er Bundeskanzler, käme man aus dem Zittern nicht heraus. Dagegen sind wir mit Schmidt am Steuer nun immerhin schon sechs Jahre lang bei stürmischer See nicht schlecht gefahren. Der Mann trägt seine Lotsenmütze nicht umsonst. Er hat eigentlich, wenn man es recht besieht, in sechs Jahren nichts wirklich falsch gemacht. Er hat auch keine Heldentaten vollbracht - wenn man von Mogadischu absieht. Aber die Zeit für Heldentaten ist, jedenfalls für die Bundesrepublik, vorbei. Und das ist etwas, was nicht nur die Personenwahl für Schmidt entscheidet, sondern was auch die Wahl zwischen den Parteigruppen als

solchen zugunsten der SPD und FDP und gegen die CDU/CSU entscheiden sollte. Innenpolitisch mag zwischen den beiden Parteigruppen wenig zu wählen sein und einiges für einen Wechsel sprechen. Aber außenpolitisch ist die CDU/CSU als Ganzes - keineswegs nur Strauß - schlechterdings nicht auf der Höhe der Situation. Sie wird erst wieder wählbar werden, wenn sie einen Akt der Selbstüberwindung vollzieht, wie ihn die SPD 1959 und 1960 vollbrachte. So wie die SPD damals die Marktwirtschaft und das Westbündnis, die sie beide zunächst abgelehnt hatte, zu ihrer eigenen Politik machte, muß es die CDU heute mit den Ostverträgen und der Ostpolitik tun, wenn sie sich wieder als Regierungspartei qualifizieren will. Bisher hat sie es nicht getan.
Außenpolitisch ist die CDU, historisch gesehen, die Partei des Westbündnisses, die SPD die Partei der Ostverträge. Aber mit diesem Unterschied: Die SPD hat die Westverträge, gegen die sie in ihrer Entstehungszeit opponiert hatte, fünf Jahre nach ihrem Inkrafttreten als Grundlage auch ihrer eigenen Außenpolitik akzeptiert; die CDU macht noch heute, zehn Jahre nach den Ostverträgen, dieselbe Opposition dagegen wie zur Zeit ihrer Entstehung. Das äußerste, was sie sich gelegentlich abringt, ist ein

mürrisches Eingeständnis, daß die Verträge, da sie nun einmal geschlossen sind, wohl oder übel gehalten werden müssen; aber daß sie geschlossen worden sind, beklagt die CDU noch immer, und innerlich hat sie noch heute so wenig Frieden mit dem Osten geschlossen wie vor zehn Jahren. Die SPD ist in den elf Jahren ihrer Regierung ein loyales Natomitglied und ein, man kann sagen: passioniertes Mitglied der Europäischen Gemeinschaft gewesen. Daß die CDU, käme sie jetzt an die Regierung, ebenso loyal Entspannungspolitik mit der Sowjetunion treiben und ebenso passioniert Gemeinsamkeiten mit der DDR suchen und pflegen würde, wie es die SPD-Regierung tut, kann man nicht erwarten. Sie selbst tut und sagt nichts, um solche Erwartungen zu wecken. Im Gegenteil, sie hat noch jeden der häßlichen Grenzzwischenfälle, die sich in den siebziger Jahren immer wieder einmal zwischen den beiden deutschen Staaten ereignet haben, nach Kräften hochgespielt und klar gemacht, daß sie mit Wirtschaftssanktionen antworten würde; sie hat auch die neue Verschlechterung der amerikanich-russischen Beziehungen nach dem russischen Einmarsch in Afghanistan als das Ende der »romantischen« Entspannungspolitik geradezu freudig begrüßt. Es ist nicht unfair zu sa-

gen, daß sie dem Kalten Krieg immer noch nachtrauert; und man muß befürchten, daß sie, wenn sie 1980 an die Regierung käme, alles tun würde, was in ihren Kräften steht, um ihn wieder zu beleben.
Mit anderen Worten: Die SPD hat, was das Westbündnis betrifft, zugelernt; die CDU, was die Ostpolitik betrifft, aber nicht. Und damit disqualifiziert sie sich, bis sie es tut, als mögliche Regierungspartei der Bundesrepublik. Denn die Ostpolitik ist für die Bundesrepublik ebenso lebenswichtig geworden wie das Westbündnis. Erst beide zusammen geben der Bundesrepublik ihre Überlebenschance in einer überaus gefährlichen Welt.
Das mag in der ersten Hälfte der fünfziger Jahre, als Adenauer die Bundesrepublik in das Westbündnis führte, noch nicht so klar zu erkennen gewesen sein wie jetzt. Was damals getan wurde, ist jetzt Geschichte, und es lohnt nicht, den alten Streit darüber, ob damals eine Chance deutscher Wiedervereinigung bestand und ob diese Chance verspielt wurde, noch einmal zu beleben. Die Historiker werden darüber noch lange ebenso verschiedener Meinung sein, wie es damals die deutschen Politiker waren. Sicher ist eins: Die Hoffnung - wenn sie je bestand -, daß ein um die Bundesrepublik verstärkter We-

sten die Sowjetunion aus einer Position der Stärke heraus zu einem einseitigen Rückzug aus der DDR (oder etwa aus dem ganzen östlichen Europa) nötigen könnte, hat getrogen. Das wurde bereits wenige Jahre nach dem Eintritt der Bundesrepublik in die Nato klar, in der Berlinkrise der Jahre 1958 bis 1962. Schon damals stellte sich heraus, daß die Kraft des Westens, auch nachdem die wiederbewaffnete Bundesrepublik dazugekommen war, keineswegs ausreichte, wie es Adenauer immer versprochen hatte, mit der Sowjetunion über die DDR und Polen »vernünftig zu reden«; daß das Westbündnis vielmehr ein reines Defensivbündnis zur Erhaltung des Status quo in Europa, also auch der deutschen Zweistaatlichkeit, war und daß die Bundesrepublik darüber hinaus nichts von ihm zu erwarten hatte. Wenn das aber so war - und ist -, dann zwang gerade das Westbündnis die Bundesrepublik dazu, nun auch ihrerseits den europäischen Status quo zu akzeptieren und das beste daraus zu machen. Dazu hat sich die SPD/FDP-Regierung 1969 entschlossen; die CDU hat sich bis heute nicht dazu durchringen können.

Das muß man bedauern. Besser wäre es gewesen, wenn die Ostverträge drei Jahre früher von der Regierung der Großen Koalition abgeschlossen und seither von beiden großen Parteigruppen getragen worden wären. Ja, eigentlich wäre dies die einzige Rechtfertigung der Großen Koalition gewesen: Lebensfragen der staatlichen Selbsterhaltung sollten nicht Gegenstand des Parteienstreites sein. Da sie es leider geworden sind und noch sind, bleibt nichts übrig, als die SPD/FDP-Regierung so lange am Ruder zu halten, bis auch die CDU und CSU eingesehen haben, daß das Bündnis mit dem Westen durch den Frieden mit dem Osten ergänzt bleiben muß, wenn die Bundesrepublik und ihre Bevölkerung nicht in ständiger Lebensgefahr schweben wollen.

Das hat nichts mit Nachgiebigkeit gegenüber dem Kommunismus zu tun. Wer das denkt, macht einen politischen Elementarfehler: Er bringt Innenpolitik und Außenpolitik durcheinander. Innenpolitisch ist das Volk der Bundesrepublik in seiner überwältigenden Mehrheit antikommunistisch gesinnt, und die SPD-Wähler sind es nicht weniger als die CDU-Wähler. Sie wollen nicht unter einem kommunistischen System leben müssen wir ihre Landsleute in der DDR, sondern sie wollen - das haben sie nunmehr dreißig Jahre lang in ihren Wahlentscheidungen immer wieder bewiesen - das demokratische und marktwirtschaftliche System erhalten wissen, das sie haben und in dem es ihnen gut geht. Aber nichts kann dieses System so sehr gefährden wie eine Außenpolitik, die den ständigen Konflikt mit den kommunistischen Staaten schürt, indem sie die Existenz der DDR in Frage stellt und die Wiederherstellung des Deutschen Reiches, womöglich in den Grenzen von 1937, verlangt. Das aber war, solange sie regierte, die Außenpolitik der CDU, und sie hat sich noch heute nicht von ihr losgesagt. Es war eine Politik, die unvermeidlich die Feindschaft der kommunistischen Staaten herausforderte; Feindschaft aber bedeutet ständige latente oder offene Kriegsgefahr; und der einzige sichtbare Weg, die Bundesrepublik kommunistisch zu machen, wäre ein Krieg, in dem sie, wenn die Eröffnungsschlacht verlorengeht, zu sowjetisch besetztem Gebiet werden würde. Einen solchen Krieg durch für die Gegenseite unannehmbare Ansprüche herauszufordern, ist für einen Staat in der geographischen und militärischen Lage der Bundesrepublik eine selbstmörderische Politik.

Vor 25 Jahren, als die Bundesrepublik in die Nato eintrat, war diese Gefahr noch durch die damaligen Machtverhältnisse zwischen den Supermächten gemindert oder wenigstens verhüllt. Amerika besaß damals noch eine überwältigende nuklearstrategische Überlegenheit über Rußland, und man konnte darauf bauen, daß ein konventioneller sowjetischer Angriff auf die Bundesrepublik mit einem vernichtenden amerikanichen Atomschlag auf die Sowjetunion beantwortet werden würde. Heute kann man das nicht mehr. Die nuklearstrategische Machtlage ist heute ausgeglichen, und jede der beiden Supermächte weiß, daß sie mit einem vernichtenden Atomschlag die eigene Vernichtung durch einen entsprechenden Gegenschlag herbeiführen würde. Die Folge ist, daß ein Krieg zwischen Nato und Warschauer Pakt heute wahrscheinlich als konventioneller Krieg beginnen würde, gefolgt von einer Pause des Zögerns zwischen der konventionellen Grenzschlacht und der ersten nuklearen Eskalationsstufe. Das Schicksal der Bundesrepublik, die unvermeidlich vom ersten Augenblick an Kriegsschauplatz wäre, hinge also vom Ausgang der den Beginn der Feindseligkeiten bildenden konventionellen Grenzschlacht ab, den niemand vorhersagen kann. Das Paradoxe wäre dabei, daß die Bundesrepublik einen Sieg in dieser Grenzschlacht kaum weniger zu fürchten hätte als eine Niederlage: Denn mit der Bundeswehr an der Oder drohte die nukleare Eskalation ebenso wie mit der Roten Armee am Rhein, und zwar zunächst nicht als »strategischer« Atomkrieg, mit gegenseitigen Vernichtungsschlägen auf Rußland und Amerika, sondern als »taktischer« Atomkrieg, mit Atomschlägen nur auf den Kriegsschauplatz Deutschland; im einen Fall von russischer, im anderen von amerikanischer Seite. Nur ein Unentschieden, bei dem die beiden Armeen sich, nach gewiß furchtbaren Verlusten und Zerstörungen, mehr oder weniger wieder in ihren Ausgangsstellungen befänden, würde vielleicht beide Seiten vor der Eskalation abschrekken, zu einem Waffenstillstand führen und die Bundesrepublik vor der nuklearen Vernichtung von Feindes- oder Freundeshand bewahren. Auch dann wäre nichts weiter erreicht, als daß die Bundesrepublik (und die DDR) furchtbare Menschenopfer und Zerstörungen, wie sie auch ein konventioneller Krieg mit modernen Waffen anrichtet, umsonst auf sich genommen hätte. Die deutsche Einheit wäre nicht nähergebracht - so wenig, wie die Einheit Koreas durch den Koreakrieg nähergebracht wurde. Zugespitzt kann man sagen: Die Deutschen, die heute in zwei heilen Staaten leben, müßten dann in zwei zerstörten Staaten weiterleben - und Gott danken, daß sie immerhin noch lebten und nicht ausgerottet wären.

Die deutsche Einheit läßt sich nicht ertrotzen: Das ist die schmerzliche, aber unausweichliche Erkenntnis, die spätestens seit dem Ausgang der Berlinkrise vor nunmehr fast zwanzig Jahren für jedermann mit Händen zu greifen ist und der die SPD und FDP mit ihrer Ostpolitik seit zehn Jahren Rechnung tragen, die die CDU und CSU aber immer noch nicht wahrhaben wollen. Natürlich hat auch die Ostpolitik die deutsche Einheit nicht nähergebracht. Sie hat sie aber auch nicht fernergerückt, als sie es ohnehin war. Was sie bewirkt hat, ist eins - und es ist nichts Geringes -: Sie hat die ständige latente Kriegsgefahr, die vor 1970 von Deutschland als Krisenherd ausging, beseitigt und damit die Existenz der Bundesrepublik sicherer gemacht. Heute befürchtet niemand mehr, wie noch in den fünfziger und sechziger Jahren, daß von Deutschland ein dritter Weltkrieg ausgehen, daß er in und um Deutschland geführt werden könnte. Heute ist die Gefahr eher, daß ein Krieg in anderen Erdteilen auf Deutschland und Europa übergreifen könnte. Das ist eine Gefahr, die es zu vermeiden gilt, auch um den Preis amerikanischen Stirnrunzelns. Und wiederum, wie in der Frage der deutschen Ostpolitik, stehen hier die beiden großen Parteigruppen auf klar entgegengesetzten Standpunkten: Die

CDU ist geradezu freudig bereit, in den mittelöstlichen Wirren, die heute neue Spannung zwischen den Supermächten erzeugt haben, Partei zu ergreifen; die SPD versucht, uns nach Kräften herauszuhalten.
Die CDU führt zwei Argumente an: Amerika und das Öl. Amerika ist über seine Verbündeten enttäuscht, weil sie nicht bereit sind, über Afghanistan und Persien »Farbe zu bekennen«. Und, so geht das Argument der CDU weiter, wie können wir von Amerika Beistand in Berlin - oder gar bei einem Angriff auf die Bundesrepublik - erwarten, wenn wir ihm nicht in Afghanistan und Persien beistehen?
Das ist ein schwaches Argument. Bündnisse sind keine sentimentalen Herzensangelegenheiten, sondern nüchterne politische Geschäftsbeziehungen. Unser Bündnis mit Amerika ist kein globales Schutz- und Trutzbündnis - das würde die Macht der Bundesrepublik weit überfordern -, sondern, wie jeder, der den Natovertrag nachliest, leicht feststellen kann, ein regionales, auf Europa und den Nordatlantik beschränktes reines Defensivbündnis. Zur Hilfeleistung außerhalb der Vertragsgebiete sind wir nicht verpflichtet, und ein amerikanisch-russischer Zusammenstoß außerhalb des Vertragsgebiets ist für die Nato kein Bündnisfall.

Natürlich wird man einem Verbündeten auch über die Vertragspflicht hinaus, wo es möglich ist, gern gefällig sein; aber nicht bis zur eigenen Lebensgefährdung. Im übrigen dient die Nato dem amerikanischen Interesse nicht weniger als dem unseren. Es wäre naiv, den Amerikanern zu unterstellen, daß sie aus Verärgerung über mangelnde »Solidarität« der Bundesrepublik den Russen zur Belohnung für ihre Intervention in Afghanistan auch noch Berlin, oder gar die Bundesrepublik und damit die Vorherrschaft in Europa, zum Geschenk machen würden. Übrigens hat noch keiner zu sagen gewußt, wie wir Amerika effektiv aus seiner eigenen Hilflosigkeit im afghanisch-persischen Krisengebiet heraushelfen könnten. Durch Gesten ohnmächtiger Entrüstung können wir es gewiß nicht.

Aber, sagt die CDU, auch unsere eigenen Interessen stehen in Mittelost auf dem Spiel: Wenn die Russen die Hand auf die mittelöstlichen Ölquellen legen, können sie durch eine Ölsperre das ganze Westbündnis militärisch aus den Angeln heben; ohne Öl stehen unsere Panzer und Flugzeuge still. Das hört sich realistisch an, aber es ist der Realismus der Zeit vor 1939, wenn nicht vor 1914. Niemand kann im Ernst glauben, daß in einem Dritten Weltkrieg, wenn er denn ausbräche, die Mammuttanker ihre lange Reise vom Persischen Golf nach Rotterdam und Wilhelmshaven noch ausführen könnten. Im Kriegsfall, selbst im Fall eines örtlich begrenzten Krieges in Mittelost, an dem Europa nicht aktiv teilnähme, wäre das Mittelostöl für Europa ohnehin verloren, ob die Ölstaaten nun in russischer Hand wären oder nicht; übrigens liegt es auch heute schon in unmittelbarer Reichweite der russischen Luftwaffe und wäre im Handumdrehen an Ort und Stelle zu vernichten, durch die Russen, wenn sie Kriegsteilnehmer wären, ebenso wie durch die Ölländer selbst, wenn sie sich angegriffen fühlten. Im Frieden aber macht es wenig Unterschied, ob wir unser Öl von den Russen kaufen (was wir schon heute in gewissen Mengen tun) oder von den Ölländern. Die Russen können uns kaum schlimmer erpressen, als es die Opecstaaten schon heute tun; im Gegenteil, mit den Russen wären vielleicht vernünftige Gegengeschäfte zu machen und daher ausgeglichenere Preisverhandlungen zu führen.

Ob die Amerikaner in ihrem eigenen Interesse richtig gehandelt haben, als sie den russischen Einmarsch in Afghanistan, ein mit Amerika nicht verbündetes Land, mit wirtschaftlichen und sportlichen Sanktionen beantwortet haben, ist nicht unsere Sache zu entscheiden; wir sind nicht gefragt worden. Denkbar gewesen wäre auch eine ganz andere amerikanische Reaktion, bis hin zu einem russisch-amerikanischen Zusammenwirken. Denn schließlich haben es die Russen in Afghanistan mit demselben Gegner zu tun wie die Amerikaner im benachbarten Persien, nämlich einem wiedererwachten, ebenso antiwestlichen wie antiöstlichen, militanten islamischen Glaubensfanatismus; und ein gemeinsamer Gegner, sollte man meinen, legt eher Allianz nahe als Konflikt. Wie auch immer, dieser Konflikt ist nicht unser Konflikt. Afghanistan ist nicht unser Verbündeter, und wir sind kein Weltpolizist. Wir sind in Afghanistan nicht einmal ideologisch engagiert. In dem ideologischen Konflikt zwischen dem Kommunismus und der westlichen Demokratie sind wir Partei; aber zwischen Kommunismus und Islam sind wir neutral. Wenn Amerika glaubt, in diesem Konflikt Partei nehmen zu sollen, ist es seine Sache, nicht unsere. Unser klares Interesse - ein wirkliches Lebensinteresse - ist, zu verhindern, daß die mittelöstlichen Wirren auf Europa übergreifen; und es trifft sich gut, daß sich dieses Interesse mit dem Interesse ganz Europas deckt - *ganz* Europas: unserer westeuropäischen Partner sowohl wie der osteuropäischen Verbündeten Rußlands. Ein englisches Sprichwort sagt: Es gibt keinen noch so bösen Wind, der nicht irgendjemandem auch etwas Gutes zubläst. Die afghanisch-persische Krise und die besorgniserregende Verschlechterung der amerikanisch-russischen Beziehungen in ihrem Gefolge hat wenigstens das eine Gute mit sich gebracht, in beiden Teilen des geteilten Europa das dringende gemeinsame Interesse an der Erhaltung des europäischen Friedens bewußt zu machen. Niemals waren die Osteuropäer so wenig »solidarisch« mit der Sowjetunion, die Westeuropäer so wenig »solidarisch« mit den USA wie in diesem Frühjahr 1980; niemals seit 1945 gab es ein so starkes unterschwelliges europäisches Gemeingefühl. Niemals vorher sind sich auch die Bundesrepublik und die DDR so nahegekommen. Das öffnet der Deutschlandpolitik Chancen, die es zu nutzen gilt. Keinesfalls darf man sie der »Solidarität« mit einer amerikanischen Politik opfern, die sich schon nach der Präsidentenwahl möglicherweise wieder ändern wird.

Die CDU/CSU ist anderer Meinung. Sie zeigt sich willens, Afghanistan zu ihrem Wahlkampfschlager zu machen und mit dem Kampfruf »Afghanistan« zu einem letzten Frontalangriff gegen die Entspannungspolitik der amtierenden Regierung anzutreten. Es bleibt abzuwarten, ob sich eine Mehrheit bundesdeutscher Wähler findet, die bereit ist, für Afghanistan zu sterben.

Zusammengefaßt: Seit der Jahrhundertmitte muß die Welt mit zwei Supermächten leben, die Weltvernichtungskapazität besitzen. In Europa befinden sich die beiden Supermächte seit zwanzig Jahren im Gleichgewicht, ihre Positionen sind stabil, und die europäischen Grenzen sind festgeschrieben. In der übrigen Welt herrscht kein Gleichgewicht zwischen ihnen, sondern ein ständiger Positionskampf, der immer wieder einmal örtliche Kriegsgefahren mit sich bringt. Das Leben der europäischen Völker im allgemeinen, und des geteilten deutschen Volkes im besonderen, hängt davon ab, daß es bei dieser Trennung bleibt und daß Europa nicht zur zweiten oder dritten Front eines örtlichen Konflikts in Asien, Afrika oder Lateinamerika gemacht wird, was aus einem solchen Konflikt den Dritten Weltkrieg machen würde. Mit dem gängigen Schlagwort gesagt, Entspannung muß teilbar bleiben. Das liegt übrigens auch im Interesse der Supermächte selbst, die Stellvertreterkriege und vielleicht sogar örtlich begrenzte Zusammenstöße überleben können, von einem Dritten Weltkrieg aber ihre eigene Vernichtung zu gewärtigen hätten.

Für die Bundesrepublik erwächst daraus eine doppelte Aufgabe. Sie muß das ihre dazu beitragen, daß das Gleichgewicht in Europa erhalten bleibt, auch wenn das manchmal Mut vor dem potentiellen Feind erfordert. Und sie muß verhindern, daß sie in Konflikte in anderen Erdteilen hineingezogen wird, auch wenn das manchmal Mut vor dem Freund erfordert.

Die SPD und FDP haben das erkannt, und die von ihnen getragene Regierung handelt danach. Die CDU und CSU haben sich zu der entsprechenden Erkenntnis noch nicht durchgerungen. Solange sie es nicht tun, ist die Bundesrepublik mit der amtierenden Regierung besser bedient und wäre schlecht beraten, sie gegen eine CDU/CSU-Regierung auszuwechseln. Die innenpolitischen Gründe, die allmählich für einen Wechsel zu sprechen beginnen, wiegen demgegenüber leicht.

Sebastian Haffner

Die deutsche Revolution 1918/19

Wie war es wirklich?

227 Seiten mit über 50 Bildern und Dokumenten,
Leinen mit Schutzumschlag

»Haffners Buch ist ein Lehrstück über Verhalten und politische Moral sozialdemokratischer Führer in einer revolutionären Situation.«
Imanuel Geiss/Frankfurter Rundschau

»Ergebnisse einer intellektuellen Redlichkeit des Autors, der selbst noch im Zorn über die ›verratene Revolution‹ auf Mittel der Verleumdung verzichtet.«
Der Tagesspiegel/Berlin

»Haffners Revolutionsgeschichte ist konkurrenzlos – knapp, präzise, leidenschaftlich rational, brillant formuliert.«
Profil/Wien

»Haffners Buch gehört zu jenen wenigen, die dem Nachdenken bisher verschlossene Türen aufstoßen und Licht in viele dunkle Bereiche unserer Vergangenheit bringen.«
Kölner Stadtanzeiger

»Die Revolution war für Haffner eine sozialdemokratische Revolution. Daß sie dennoch von sozialdemokratischen Politikern letztlich blutig niedergeschlagen wurde, bestätigt nur Haffners These, daß es sich um Verrat gehandelt habe.«
NDR

verlegt bei Kindler

8-2-15-6-0